跨境贸易海关审价实务系列丛书

A PRACTICAL GUIDE TO CUSTOMS VALUATION
FOR CROSS-BORDER LEASING TRADE

跨境租赁贸易与海关审价实务指南

杜连莹 ◎ 编著

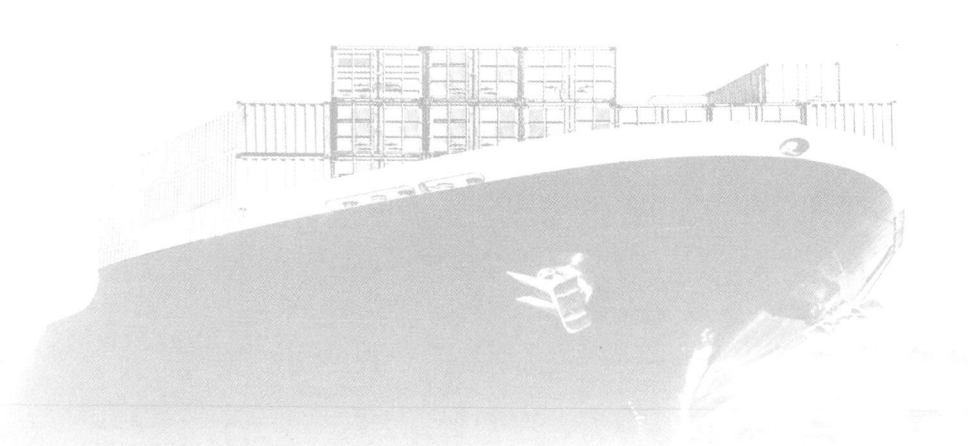

中国海关出版社有限公司

中国·北京

图书在版编目（CIP）数据

跨境租赁贸易与海关审价实务指南 / 杜连莹编著 . — 北京：中国海关出版社有限公司，2024.4
ISBN 978-7-5175-0780-2

Ⅰ.①跨… Ⅱ.①杜… Ⅲ.①租赁贸易—海关估值—审价—中国—指南 Ⅳ.① F752.52-62

中国国家版本馆 CIP 数据核字（2024）第 078946 号

跨境租赁贸易与海关审价实务指南
KUAJING ZULIN MAOYI YU HAIGUAN SHENJIA SHIWU ZHINAN

作　　者：杜连莹	
策划编辑：李　多	
责任编辑：熊　芬	
责任印制：孙　倩	
出版发行：中国海关出版社有限公司	
社　　址：北京市朝阳区东四环南路甲 1 号	邮政编码：100023
编 辑 部：01065194242-7528（电话）	
发 行 部：01065194221/4238/4246/5127（电话）	
社办书店：01065195616（电话）	
https://weidian.com/? userid=319526934（网址）	
印　　刷：北京金康利印刷有限公司	经　　销：新华书店
开　　本：889mm×1194mm　1/16	
印　　张：14.5	字　　数：400 千字
版　　次：2024 年 4 月第 1 版	
印　　次：2024 年 4 月第 1 次印刷	
书　　号：ISBN 978-7-5175-0780-2	
定　　价：118.00 元	

海关版图书，版权所有，侵权必究
海关版图书，印装错误可随时退换

参编人员

顾　　问： 高瑞峰　朱　昉

审稿专家： 赵　泉　崔玮华　闫铁恒　王　刚　刘　鹏
　　　　　　陈　昊　朱　明　谈文洲　赵卫萍　吴　毅

统　　筹： 范一夫

校　　对： 陈奕喆　熊祥林　郝鸿铭　张　楠　李佳楠
　　　　　　郑　超　舒　悦　俊　颖　王　峰　冼妙颜

序
FOREWORD

伴随全球化进程的加速推进和经济的发展，租赁贸易作为一种新兴贸易业态，凭借操作灵活、收益多元、交易高效和以小资金撬动大资产的独特优势，在跨境贸易实践中应用愈发广泛，逐渐成为国际贸易与投资不可或缺的重要组成部分。租赁作为一种让渡一定期间内资产使用权以获得收益的贸易方式，极大地降低企业融资成本，盘活存量实物资产，提高资金周转效率，有效改善企业现金流量与财务状况，帮助企业扩大生产规模和市场份额，有力提升企业在国际贸易中的实际竞争力。简而言之，租赁贸易的出现与发展极大地促进了全球贸易的繁荣与增长。

我国政府高度重视租赁贸易发展，先后出台了《国务院办公厅关于加快融资租赁业发展的指导意见》等一系列政策文件。天津东疆综合保税区作为我国租赁产业的聚集区和策源地，目前租赁资产规模超 1.3 万亿元人民币，跨境租赁资产突破 1042 亿美元，已成为全球第二大飞机租赁聚集地，在全球租赁业中占据了重要的一席之地。海关作为跨境租赁贸易的主要监管部门之一，对租赁贸易进行系统研究成为新时代中国海关面临的重要课题，具有现实的必要性和历史的重要性。

本书紧密结合飞机和海工装备最新业态，以海关审价一线视角，对融资性租赁和经营性租赁伴生的全部应税费用，通过典型案例进行了全面深入的分析解读，对于企业准确申报和海关审价实践都具有极强的业务指导性。

海关总署关税一级专家　　　海关总署稽查一级专家
海口海关关长　　　　　　　海关总署企业管理和稽查司副司长

前言
PREFACE

随着经济全球化的不断推进，国际经贸合作日益繁荣，外贸新业态新模式快速发展，跨境租赁贸易作为一种新兴贸易业态，逐渐受到广泛关注。跨境租赁贸易是指出租方和承租方位于不同国家或地区，通过租赁合同进行商品或设备的租赁交易。这种贸易模式在促进国际合作、优化资源配置、推动经济发展等方面具有重要意义。然而，由于涉及不同国家或地区的法律、政策、税收等因素，跨境租赁贸易也面临着一系列的挑战和问题。其中，海关审价是跨境租赁贸易监管的一个重要环节，对于确保贸易公平、维护国家利益具有重要意义。

本书共计六章，内容可分为两个部分。第一部分包含四章，分别为租赁贸易概述、飞机租赁贸易、海工装备租赁贸易和租赁贸易会计制度，这部分重点介绍租赁贸易的定义、特点、主要形式以及相关会计制度安排，以飞机和海工装备为典型代表展示了特定行业的贸易惯例、租金构成和政策法规。第二部分包含两章，分别为租赁贸易海关审价和海关审价案例解析，这部分对融资性租赁和经营性租赁伴生的一系列应税费用如保险费、租前息、改装费、手续费、移泊费等通过经典案例进行深入分析解读。

本书旨在通过还原租赁贸易实质，使海关审价在尊重贸易事实的基础上符合客观、公平、统一原则，确保租金的合理性和公正性，更好地保护国家税收安全，维护贸易相关方的合法权益，促进市场的有序运作和良性竞争，为跨境租赁贸易发展提供更好的支持和保障，从而满足贸易全球化和投资便利化的需求，以有助于促进中国经济的高水平开放和高质量发展。

本书为出租方和承租方合法合规地开展跨境租赁贸易提供了专业建议，指导企业准确申报租金完税价格及应税费用。同时，本书也可以作为海关关员的工作参考，为海关审价提供有效的实践参考。

目 录
CONTENTS

第一章　租赁贸易概述

第一节　租赁贸易定义 002
第二节　租赁贸易特点 003
第三节　租赁贸易的主要方式 004
第四节　租赁贸易的功能与作用 012

第二章　飞机租赁贸易

第一节　飞机租赁贸易概述 016
第二节　飞机租赁贸易业态 018
第三节　飞机租赁贸易进口报验状态 037
第四节　飞机租赁贸易相关费用 041
第五节　飞机租赁贸易国家法律政策 066

第三章　海工装备租赁贸易

第一节　海工装备租赁贸易概述 076
第二节　海工装备租赁贸易业态 091
第三节　海工装备租赁贸易进口报验状态 104
第四节　海工装备租赁贸易相关费用 115
第五节　海工装备租赁贸易国家法律政策 123

第四章　租赁贸易会计制度

第一节　租赁贸易的会计处理 132
第二节　会计制度的主要变化 140
第三节　会计制度变化的影响分析 141

第五章　租赁贸易海关审价

第一节　租赁贸易审价依据 144
第二节　租赁贸易常见费用审价分析 149

第六章　海关审价案例解析

第一节　飞机租赁报验状态的审价解析 166
第二节　船舶租赁报验状态的审价解析 193
第三节　钻井平台租赁报验状态的审价解析 205
第四节　水下焊接系统租赁报验状态的审价解析 217

CHAPTER 1

第一章

租赁贸易概述

第一节
租赁贸易定义

租赁贸易亦称租赁信贷,是出租人以租赁形式将商品交付承租人在一定期限内使用,按期收取租金的一种贸易方式。

租赁贸易是信贷和贸易相结合的贸易方式,通常由租赁公司居间,与承租人签订租赁契约,又与租赁物所有人订立买卖合同,资金由租赁公司提供。它是承租人获得租赁物的一种独特的筹资方式。

现代经济活动中的租赁贸易,是租赁公司向境内外用户出租动产的一种业务。这些动产的价格一般比较昂贵,如飞机、船舶、海工装备(即海洋工程装备)、采矿设备、纺织机械、农业机械等,近年来又扩大到各种大型成套设备和设施。

租赁贸易下,在租期内,动产的所有权归出租人,使用权归承租人,承租人可以利用动产的收益偿付租金,减少投资费用。同时,承租人可在租赁期内更换设备,使用新技术。

租赁贸易按租赁的目的划分,包括经营性租赁和融资性租赁;按交易程序划分,包括直接租赁、杠杆租赁和回租。

促进租赁贸易发展

《国务院关于促进综合保税区高水平开放高质量发展的若干意见》(国发〔2019〕3号)

17. 发展租赁业态。对注册在综合保税区内的融资租赁企业进出口飞机、船舶和海洋工程结构物等大型设备涉及跨关区的,在确保有效监管和执行现行相关税收政策的前提下,按物流实际需要,实行海关异地委托监管。

第二节
租赁贸易特点

特点

- 出租人一般为准金融机构，即附属于银行或信托投资公司的租赁公司，也有专业租赁公司或生产制造商兼营自己产品的租赁业务。

- 租赁对象主要是资本货物，包括机电设备、运输设备、建筑机械、医疗器械、飞机船舶，以至各种大型成套设备和设施等。

- 租赁贸易往往是三边贸易，即有三个当事人：出租人、承租人和供应商。承租人选定所需设备和供应商后，由租赁公司洽谈购买。

- 在租赁贸易中，除非承租人自身有足够好的信誉，经租赁公司评估后，在一定额度内实现租赁，通常租赁公司要求承租人提供经济担保，如银行、投资信托公司、保险公司等出具的保函。

- 租赁贸易是在信贷基础上进行的，出租人向承租人提供所需设备，承租人则按租赁合同向出租人定期支付租金，设备的所有权属于出租人，承租人取得的是使用权，租赁期一般较长，是一种以融物的形式实现中长期资金融通的贸易方式。

第三节
租赁贸易的主要方式

一、经营性租赁与融资性租赁

（一）经营性租赁（Operating Lease）

> 经营性租赁解决的是企业短期的特定需求，当企业短期内急需某设备，但同时又没有长期持有该设备的需求时，企业可以采用经营性租赁方式，向出租企业短期租赁设备。

> 经营性租赁的特点是：租赁期短，租赁货物的所有权归出租人所有，在设备经济使用年限内，出租人可向多家承租人出租设备，设备的维修、保养由出租人承担，租金由市场供需情况决定。

（二）融资性租赁（Financial Lease）

> 融资性租赁的实质是融资，类似于银行的长期借款。根据我国的租赁会计准则定义，融资性租赁是指实质上转移了与资产所有权有关的全部风险和报酬的租赁。

当租赁满足了下列条件之一时，就称为融资性租赁：

1 在租赁期届满时，租赁资产的所有权转移给承租人。

2 承租人有购买租赁资产的选择权，所订立的购价预计将远低于行使选择权时租赁资产的公允价值，因此在租赁开始日就可以合理确定承租人将会行使这种选择权。

3 租赁期占租赁资产尚可使用年限的大部分。但是，如果租赁资产在开始租赁前已使用年限超过该资产全新时可使用年限的大部分，则该项标准不适用。

4 就承租人而言，租赁开始日最低租赁付款额的现值几乎相当于租赁开始日租赁资产原账面价值；就出租人而言，租赁开始日最低租赁收款额的现值几乎相当于租赁开始日租赁资产原账面价值。但是，如果租赁资产在开始租赁前已使用年限超过该资产全新时可使用年限的大部分，则该项标准不适用。

5 租赁资产性质特殊，如果不做较大改装，只有承租人才能使用。因此，在融资性租赁中，出租人只拥有货物的名义所有权，而承租人拥有货物的实际所有权，租赁期涵盖了货物的经济使用年限，货物的维修、保养由承租人承担，租金由金融机构中长期贷款利率决定。

（三）经营性租赁与融资性租赁的区别

表 1-1　经营性租赁与融资性租赁的区别

类别	经营性租赁	融资性租赁
租金的性质	使用物件的对价	使用资金的对价
决定租金的主要因素	设备的使用价值，设备的成本和闲置成本	资金利息的高低，利差的大小
租金的状态	一般在租期内固定不变，只有另行签订合同才发生改变	除固定利率和等额年金法，一般情况租期内租金浮动或者递变
承租人的动机	使用	留购
支付方式	按月先付租金	可谈判，参照合同执行
租金物件的维修	出租人	承租人
租赁物件的残值	出租人	出租人或承租人
避税效果	承租人效果明显	不是很明显

二、常见的融资性租赁模式

（一）海关审价面对的融资性租赁贸易形式

融资性租赁贸易作为一种主要的融资方式在我国进出口贸易的比重不断增加。目前，海关审价面对的融资性租赁交易主要表现为两种形式：直接跨境租赁和"一般贸易"方式租赁。

直接跨境租赁主要集中在飞机租赁和某些大型成套设备租赁领域。对于直接跨境租赁，海关将根据《中华人民共和国海关审定进出口货物完税价格办法》（以下简称《审价办法》）的规定，在审核融资性租赁合同的基础上，根据租赁货物每期的租金征税。如承租人申请一次性缴纳税款的，可以选择按照除成交价格以外的其他方法确定完税价格，或者按照海关审查确定的租金总额作为完税价格。

"一般贸易"方式租赁是目前我国融资性租赁的主要方式。由于在进口申报环节进口商向海关递交的是货物买卖合同，相关单证往往不体现融资性租赁交易的实际情况，导致海关以普通进口货物的审价待遇对其审核征税。

（二）融资性租赁行业常见交易模式

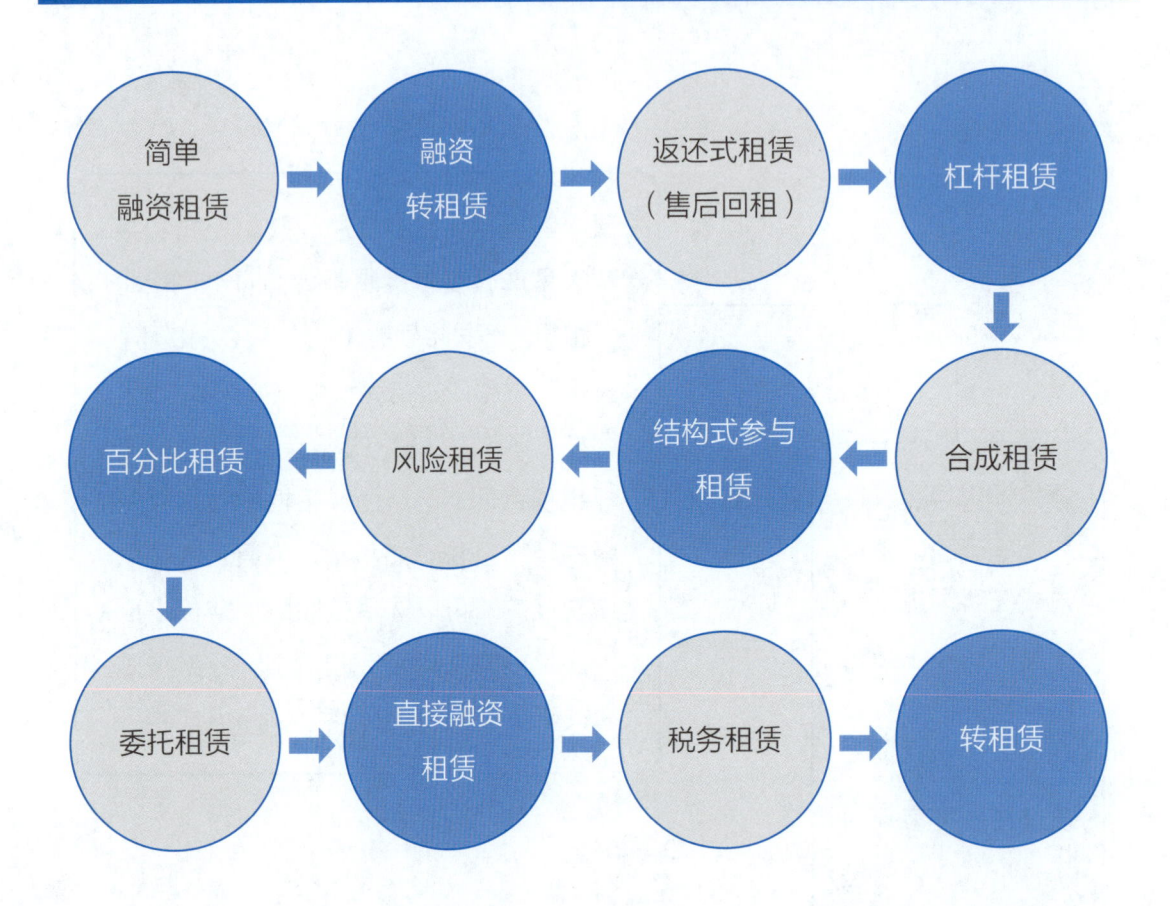

简单融资租赁 → 融资转租赁 → 返还式租赁（售后回租）→ 杠杆租赁 → 合成租赁 → 结构式参与租赁 → 风险租赁 → 百分比租赁 → 委托租赁 → 直接融资租赁 → 税务租赁 → 转租赁

1. 简单融资租赁

承租人有意向通过出租人租赁由承租人选择需要购买的租赁物件，出租人通过对租赁项目风险评估后愿意出租租赁物件给承租人使用。为取得租赁物件，出租人首先全额融资购买承租人选定的租赁物件，按照固定的利率和租期，根据承租人占压出租人融资本金时间的长短计算租金，承租人按照租约支付每期租金，期满结束后以名义价格将租赁物件所有权卖给承租人。在整个租赁期间承租人没有所有权但享有使用权，并负责维修和保养租赁物件。出租人对租赁物件的好坏不负任何的责任，设备折旧在承租人一方。

2. 融资转租赁

租赁公司将从其他租赁公司融资租入的租赁物件，转租给第二承租人，这种业务方式叫融资转租赁，一般在国际层面进行。此种业务做法同简单融资租赁无太大区别。出租人从其他租赁公司租赁设备的业务过程，由于是在金融机构间进行的，在实际操作过程中，只是依据购货合同确定融资金额，在购买租赁物件的资金运行方面始终与最终承租人没有直接的联系。在做法上可以很灵活，有时租赁公司甚至直接将购货合同作为租赁资产签订转租赁合同。这种做法实际是租赁公司融通资金的一种方式，租赁公司作为第一承租人不是设备的最终用户，因此也不能提取租赁物件的折旧。

3. 返还式租赁（售后回租）

返还式租赁，也叫售后回租，是简单融资租赁的一个分支。它的特点是承租人与租赁物件供货人是一体，租赁物件不是外购的，而是承租人在租赁合同签约前已经购买并正在使用的设备。承租人将设备卖给租赁公司，然后作为租赁物件返租回来，对物件仍有使用权，但没有所有权。设备的买卖是形式上的交易，承租企业需将固定资产转为融资租入固定资产。返还式租赁强调了租赁融资功能，失去了租赁的促销功能，类似于典当业务，企业在不影响生产的同时，扩大资金来源，是一种金融活动。

4. 杠杆租赁

杠杆租赁的做法类似于银团贷款，是一种专门做大型租赁项目的有税收好处的融资性租赁，主要是由一家租赁公司牵头作为主干公司，为一个超大型的租赁项目融资。首先成立一个脱离租赁公司主体的操作机构，专为本项目成立资金管理公司，出项目总金额 20% 以上的资金，其余部分资金来源主要是吸收银行和社会闲散游资，利用 100% 享受低税的好处，以二博八的杠杆方式，为租赁项目取得巨额资金。其余做法与融资性租赁基本相同，只不过合同的复杂程度因涉及面广而随之增大。由于可享受税收好处、操作规范、综合效益好、租金回收安全、费用低，杠杆租赁属于一般用于飞机、轮船、通信设备和大型成套设备的融资性租赁。

5. 合成租赁

合成租赁扩展了融资性租赁的范畴，除了提供金融服务外，还提供经营服务和资产管理服务，是一种综合性全方位的租赁服务，租赁的收益因此扩大，而风险因此减少，使租赁更显露服务贸易特征。完成这项综合服务需要综合性人才，因此也体现知识在服务中的重要位置，合成租赁的发展，将成熟的租赁行业带入知识经济时代。

6. 结构式参与租赁

结构式参与租赁是以推销为主要目的的融资性租赁新方式。它是吸收了风险租赁的一部分经验，结合行业特性新开发的一种租赁产品。其主要特点是：融资不需要担保，出租人是以供货商为背景组成的，没有固定的租金约定，而是按照承租人的现金流量折现计算融资回收，因此没有固定的租期。出租人除了取得租赁收益外，还取得部分年限参与经营的营业收入。

7. 风险租赁

风险租赁是指在成熟的租赁市场上，出租人以租赁债权和投资方式将设备出租给特定的承租人，出租人获得租金和股东权益作为投资回报的一项租赁交易。简而言之，风险租赁就是出租人以承租人的部分股东权益作为租金的一种租赁形式，这也正是风险租赁的实质所在。

8. 百分比租赁

百分比租赁是把租赁收益和设备运用收益相联系的一种租赁形式。承租人向出租人缴纳一定的基本金后，其余的租金是按承租人营业收入的一定比例支付。这种租赁方式是以租赁设备的生产量与租赁设备相关收益来确定租金，而不是以固定或者浮动的利率来确定租金，设备生产量大或与租赁设备相关的收益高，租金就高，反之则少。

9. 委托租赁

出租人接受委托人的资金或租赁标的物，根据委托人的书面委托，向委托人指定的承租人办理融资性租赁业务。在租赁期内租赁标的物的所有权归委托人，出租人只收取手续费，不承担风险。

10. 直接融资租赁

由承租人指定设备及生产厂家，委托出租人融通资金购买并提供设备，由承租人使用并支付租金，租赁期满由出租人向承租人转移设备所有权。它以出租人保留租赁物所有权和收取租金为条件，使承租人在租赁期内对租赁物取得占有、使用和收益的权利。这是一种最典型的融资性租赁方式。

11. 税务租赁

税务租赁的主要做法与直接融资租赁基本相同，因租赁物件在承租人的项目中起着重要作用，该物件购买时在税务上又可取得政策性优惠，优惠部分可折抵部分租金，使租赁双方分享税收好处，从而吸引更多的出资人。一般用于国家鼓励的大中型项目的成套设备租赁。在发达国家，因工业化程度发展到一定程度，税收的好处逐步取消，税务租赁使用得越来越少。

12. 转租赁

转租赁是以同一物件为标的物的多次融资性租赁业务。在转租赁业务中，上一租赁合同的承租人同时又是下一租赁合同的出租人，称为转租人。转租人向其他出租人租入租赁物件再转租给第三人，转租人以收取租金差为目的。租赁物品的所有权归第一出租人。

第四节
租赁贸易的功能与作用

一、给租赁物生产商促销

由于租赁物一般价值较高，通过租赁业务模式，可以解决出租人或承租人资金不足的问题。

- 经营性租赁通过分期支付租金减轻了承租人的资金压力。
- 融资性租赁通过融资融物的方式，只需要支付一定的保证金和少量手续费就能获得租赁物的长期使用权。

对租赁物生产厂商而言，这大大促进了租赁物的销售，提高了存货周转率。

在实践中，无论是经营性租赁或融资性租赁，出租人多为一次性将租赁物的购买款项支付给生产厂商，这也改善了生产厂商的现金流量，极大地减少了应收账款。

二、给出租人带来多样化收益

出租人可以通过经营性租赁或融资性租赁获得债权收益、余值收益、服务收益等多样化收益。

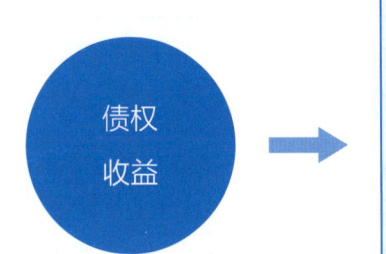

债权收益 → 债权收益是指融资性租赁业务的出租人向承租人收取的租息（包括租前息、租金利息）或利息差收益。特别是对于金融机构类融资性租赁公司而言，通过融资性租赁方式为承租人配置资金，承租人相当于获得了一笔中长期贷款，出租人获得了相应的债权收益，也避开了同行在利息方面的激烈竞争。

余值收益是出租人通过处置租赁物残值或二手租赁物可以获得的收益。当承租人违约、出租人选择解除租赁合同并收回租赁物时，或者当租期结束、承租人选择退租、出租人收回租赁物时，出租人可以通过处置租赁物残值或二手租赁物获得余值收益。特别是对于厂商附属类租赁公司而言，因为对租赁物有维修、再制造的专业能力，有租赁物销售的渠道和广泛的客户群体，租赁物残值或二手租赁物的处置反而成为新的利润增长点。 ← **余值收益**

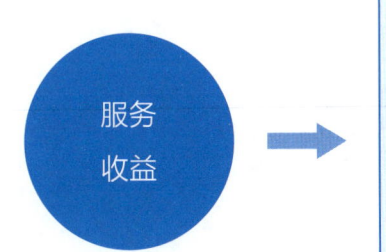

服务收益 → 服务收益是出租人为承租人提供融资性租赁服务时通过收取手续费、财务咨询费等服务费获得的收益。融资性租赁手续费是在出租人给承租人的报价方案中常有的一种费用，依据融资性租赁业务总金额、风险大小、期限长短、交易结构和出租人的融资性租赁业务偏好等因素的不同，手续费的金额也不相同。财务咨询费是出租人针对承租人的需求提供的全方面融资解决方案，并依据承租人整体的融资融物需求金额收取的一定比例的咨询性费用。

三、提高承租人资金使用效率

承租人在租期内分期偿还租金，可以大大节约流动资金，将宝贵的流动资金用到更需要的地方。

如果承租人利用售后回租的方式融资，可以盘活存量实物资产，将实物资产变现，有效改善现金流量和财务状况。

CHAPTER 2
第二章
飞机租赁贸易

第一节
飞机租赁贸易概述

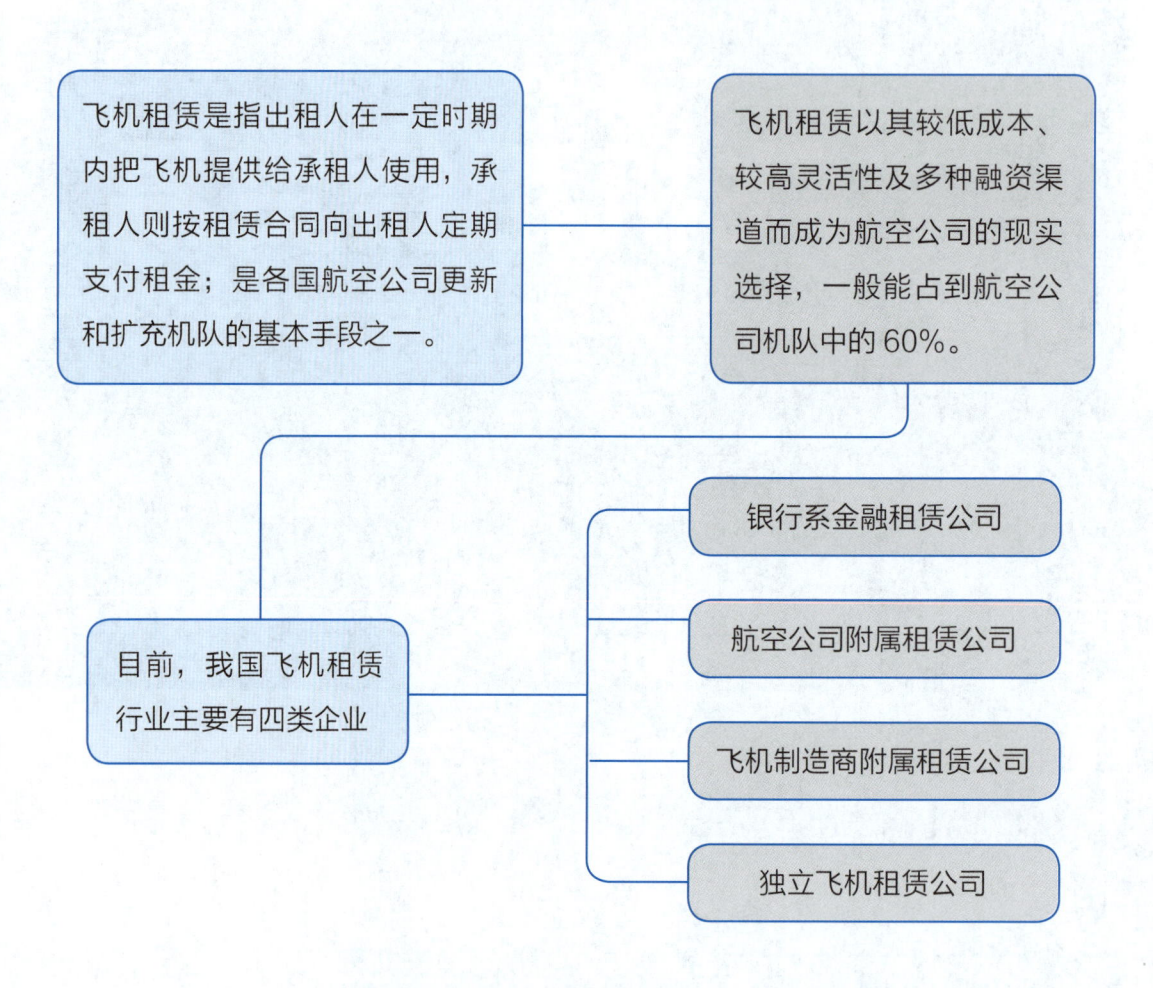

飞机租赁是指出租人在一定时期内把飞机提供给承租人使用，承租人则按租赁合同向出租人定期支付租金；是各国航空公司更新和扩充机队的基本手段之一。

飞机租赁以其较低成本、较高灵活性及多种融资渠道而成为航空公司的现实选择，一般能占到航空公司机队中的60%。

目前，我国飞机租赁行业主要有四类企业：

- 银行系金融租赁公司
- 航空公司附属租赁公司
- 飞机制造商附属租赁公司
- 独立飞机租赁公司

中国的飞机租赁业务不断增长

- 2020 年，全球共有 158 家飞机租赁公司。

- 根据"中国民航"公众号于 2021 年 9 月 24 日公布的消息，波音公司预测，中国民航业未来 20 年将需要 8700 架价值 1.47 万亿美元的新飞机来满足不断增长的航空旅行需求。

- 政府在这一增长中发挥重要作用，推出新的税收制度来支持和促进这一增长。

- 根据中研网于 2023 年 3 月 31 日发布的《航空租赁行业市场发展研究报告 2023》，2021 年，中国航空租赁市场规模为 1604.7 亿元。

第二节
飞机租赁贸易业态

- 中国飞机租赁业探索出"保税租赁"模式。

- 相较于从境外租赁飞机，航空公司可节省约 6% 的租金成本。

- 传导到机票价格上，降低了民众的航空出行成本。

- 根据中研网于 2023 年 3 月 29 日发布的《飞机租赁产业市场现状 飞机租赁产业发展趋势预测》，在全球排名前 20 的租赁公司中，中资租赁公司占 8 家，并持有全球近四分之一的飞机资产。

- 中国的飞机租赁企业刷新着"全球显示度"，在国际上的影响力、话语权持续增强。

一、经营性租赁

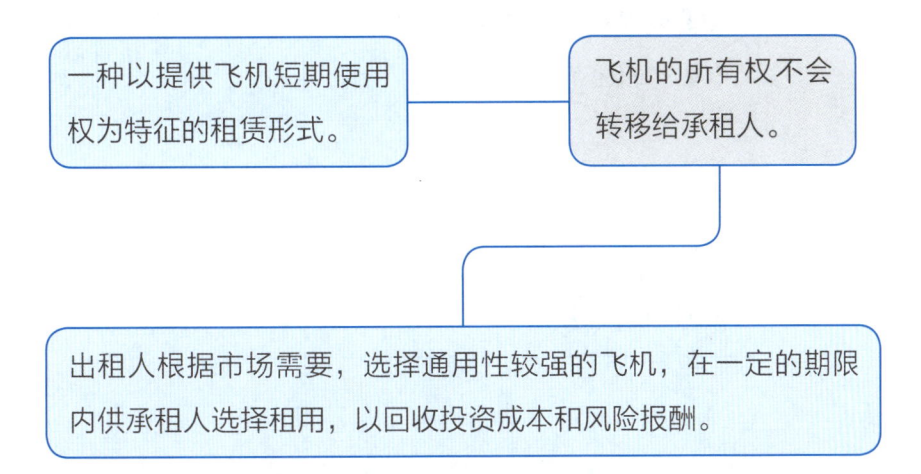

一种以提供飞机短期使用权为特征的租赁形式。

飞机的所有权不会转移给承租人。

出租人根据市场需要，选择通用性较强的飞机，在一定的期限内供承租人选择租用，以回收投资成本和风险报酬。

（一）经营性租赁的特征

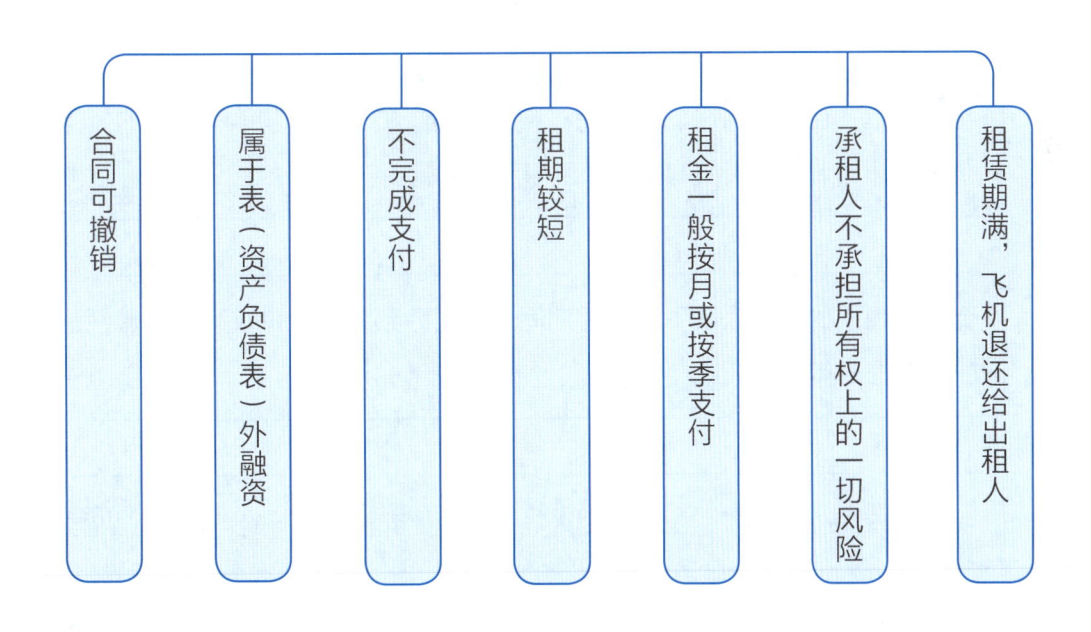

- 合同可撤销
- 属于表（资产负债表）外融资
- 不完成支付
- 租期较短
- 租金一般按月或按季支付
- 承租人不承担所有权上的一切风险
- 租赁期满，飞机退还给出租人

```
┌─────────────────────────────────────────────┐
│ 经营性租赁协议的最大特点是租约到期后租赁资   │
│ 产依然归属于出租人。                         │
└─────────────────────────────────────────────┘
                      │
                      ▼
┌─────────────────────────────────────────────┐
│ 如果承租人对租赁资产的维护和运营不规范，很   │
│ 可能使租赁资产产生预期之外的贬值。           │
└─────────────────────────────────────────────┘
                      │
                      ▼
┌─────────────────────────────────────────────┐
│ 因此，经营性租赁协议履约期间对飞机状况（即   │
│ 资产质量）的约定和检测就显得十分关键。       │
└─────────────────────────────────────────────┘
                      │
                      ▼
```

┌─ 经营性租赁合同中对飞机的维护、维修、大修和日常运营等承租人的义务
│   做出详细约定，有大量的技术条款和法律条款。
│
├─ 允许出租人的代理人在飞机运营期间拥有更为频繁的检查权利（经营性租
│   赁通常为一年一次）。
│
├─ 出租人关注租赁资产状况，承租人需频繁地提交租赁资产的运行状况数据。
│
└─ 经营性租赁合同中对租期结束时退租的规定详细明确，包括退租的整个流
    程、对租赁资产的技术细节要求、对租赁资产补偿金的评估流程和计算方
    法等，且退租的时间往往会有意和飞机的大修时间相匹配，以保障飞机退
    租时状况良好。

双方会在合同中约定承租人对出租人做出相应补偿，或者要求承租人在退租时对飞机作一次"退租检"。经营性租赁合同中往往会约定一笔"大修基金"，由承租人以现金汇票或信用证的形式存放于出租人处，在退租时根据飞机状况和下次大修的时间间隔判断归出租人所有的金额。

（二）经营性租赁的贸易流程

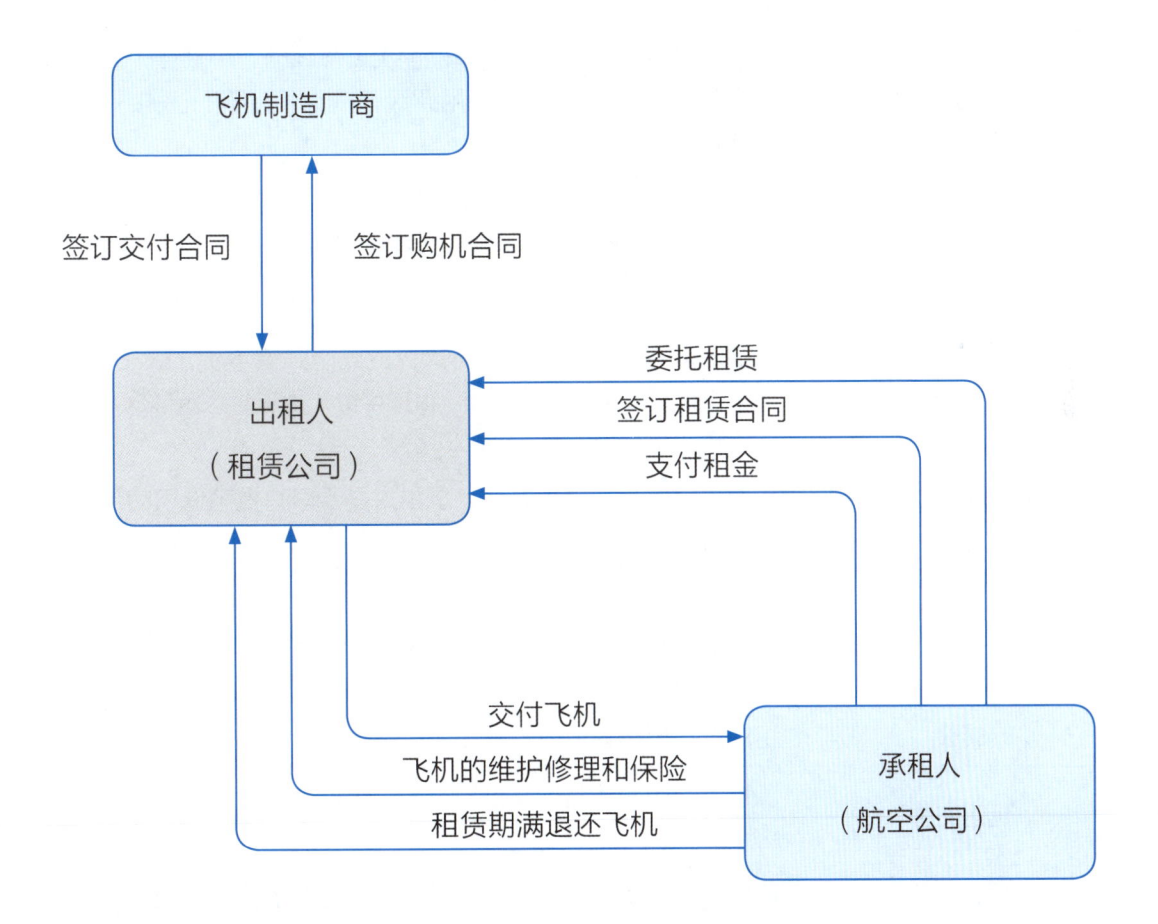

```
                    飞机制造厂商
                    ↑      ↓
              签订交付合同  签订购机合同
                    ↓      ↑
                                    委托租赁
              出租人          ←——————————————
            （租赁公司）       签订租赁合同     承租人
                              ←——————————————（航空公司）
                                    支付租金
                              ←——————————————

                    交付飞机
                ——————————————→
                飞机的维护修理和保险
                ←——————————————
                  租赁期满退还飞机
                ←——————————————
```

（三）经营性租赁的合同要点

表 2-1　经营性租赁的合同要点

合同要点	具体内容
租金	明确租金价格的基准年份；租金价格，固定或浮动；支付方式，先付/后付，季付/月付等；币种；首笔租金支付日期。
租金保证金（保函）	一般情况下为 3 个月的租金现金保证金，但对于信用评级高的公司现在一般接受保函形式。
维修储备金（保函）	固定数额的大修储备金或浮动的大修储备金，一般情况下为现金保证金形式，但对于信用评级高的公司现在一般接受保函形式。
保险	保险金额，一般为保险评定价值（Agree Value）的 110%～120%；保险内容；免赔额，递减保险率；保险的其他要求。
起租日	一般情况下，起租日为飞机交付给航空公司的那一天。
租期	租期一般是选择在飞机进行大修的几个关键年份，4、6、8、10、12、14 年等；起租日，租赁年份；租赁延长选择权，飞机优先购买权；提前终止合同的要求；延迟交付的条款。
转租及提前退租	是否可以转租，转租条件；承租人是否享有提前退租的权利。
租期内的维修要求	适航维修标准，以中国为例，一般要求中国民用航空局（CAAC）或欧洲航空安全局（EASA）/美国联邦航空管理局（FAA）认可的修理厂。出租人承担适航指令（AD）执行费用的限值。
转让	租期内，出租人将飞机转卖给第三方的一些书面规定。
延迟交付	承租人原因导致延迟交付的约定；出租人原因导致延迟交付的约定。
违约	违约条款说明；关联交易，交叉违约的要求；违约的赔偿金及时间要求。
机身	完成最近一个 C 检（民航领域专业术语，指特定飞行小时的定期维护检查）并完成 C 检以下维修项目。

二、融资性租赁

> 融资性租赁是指出租人购买承租人选定的飞机，享有飞机所有权，并在一定期限内将飞机出租给承租人有偿使用。

> 对于承租人而言，实际上是以租金的形式采取分期付款的方式购买了飞机。

（一）融资性租赁的特征

- 飞机的型号、数量由承租人指定
- 不可撤销，即租期内租赁协议不得随意解除
- 租期基本接近飞机的使用寿命或折旧寿命
- 承租人负担所租飞机在租期内营运的一切费用
- 飞机的所有收益权及风险均转让给承租人
- 飞机的法律所有权属于出租人，经济使用权属于承租人
- 租赁期满，承租人可以选择续租、退租或购买

（二）融资性租赁常见贸易流程

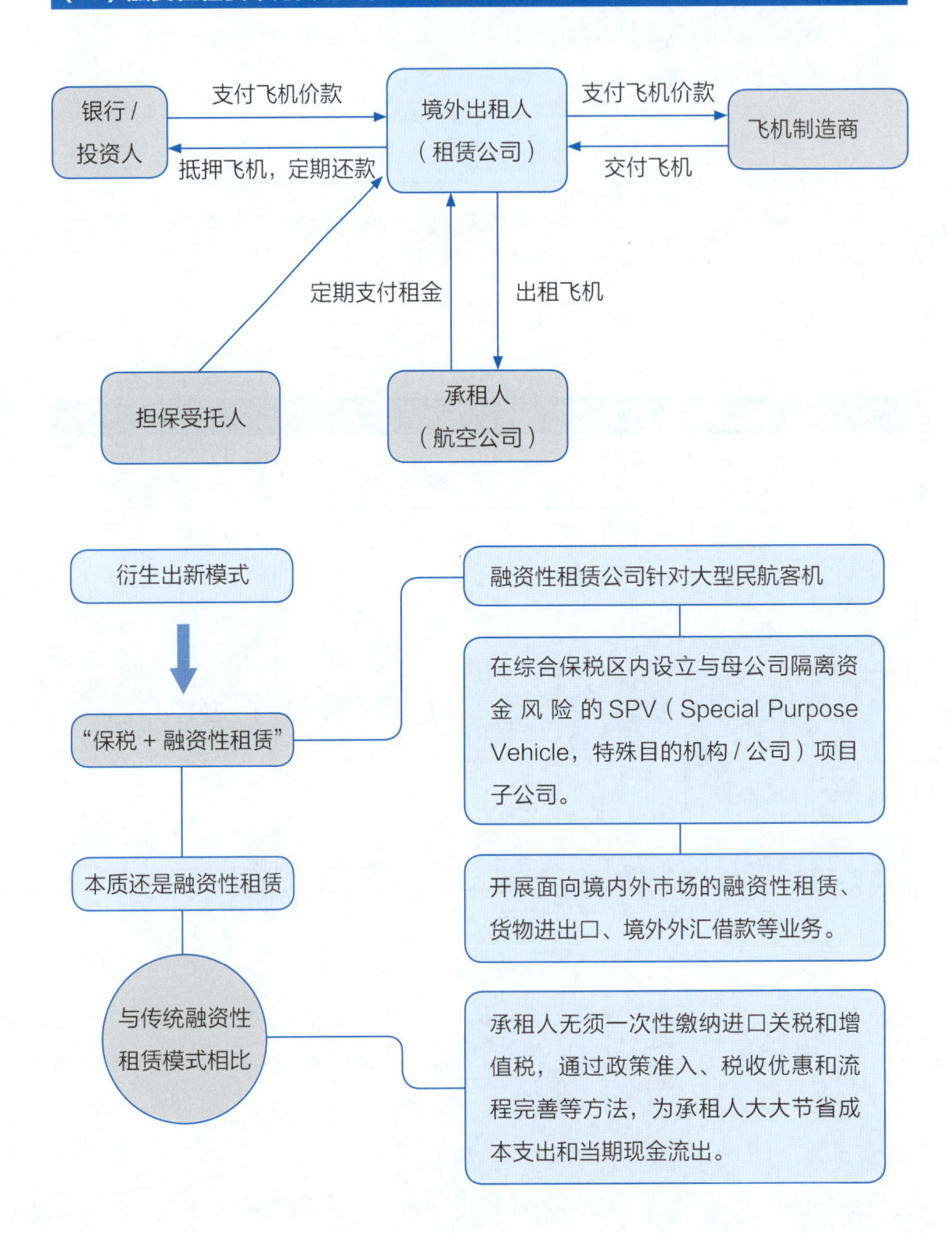

```
银行/投资人  ──支付飞机价款──▶  境外出租人      ──支付飞机价款──▶  飞机制造商
           ◀─抵押飞机，定期还款─  （租赁公司）   ◀────交付飞机────
                                    ▲ │
                          定期支付租金│ │出租飞机
                                    │ ▼
                              担保受托人    承租人（航空公司）
```

衍生出新模式 ⬇ **"保税 + 融资性租赁"** ── 融资性租赁公司针对大型民航客机

在综合保税区内设立与母公司隔离资金风险的 SPV（Special Purpose Vehicle，特殊目的机构/公司）项目子公司。

本质还是融资性租赁 ── 开展面向境内外市场的融资性租赁、货物进出口、境外外汇借款等业务。

与传统融资性租赁模式相比 ── 承租人无须一次性缴纳进口关税和增值税，通过政策准入、税收优惠和流程完善等方法，为承租人大大节省成本支出和当期现金流出。

SPV 公司 — 为了实现特殊目的而成立的法律实体

由 SPV 公司作为出租人，向承租人出租飞机。

目前飞机租赁业务普遍采用的模式

SPV 租赁方式起源于爱尔兰和开曼群岛，爱尔兰和开曼群岛利用其自由港的低赋税水平和综合配套的金融服务，吸引了众多国际飞机租赁贸易在那里完成。

↓

爱尔兰和开曼群岛采用较多的方式是：按业务每架飞机每个承租人对应一家 SPV 公司，在实现飞机租赁的同时起到风险隔离的作用。

↓

目前，境内开展飞机租赁 SPV 业务最广泛、税收及相关政策较为全面的区域主要集中在天津东疆综合保税区和中国（上海）自由贸易试验区。

"保税+融资性租赁"模式

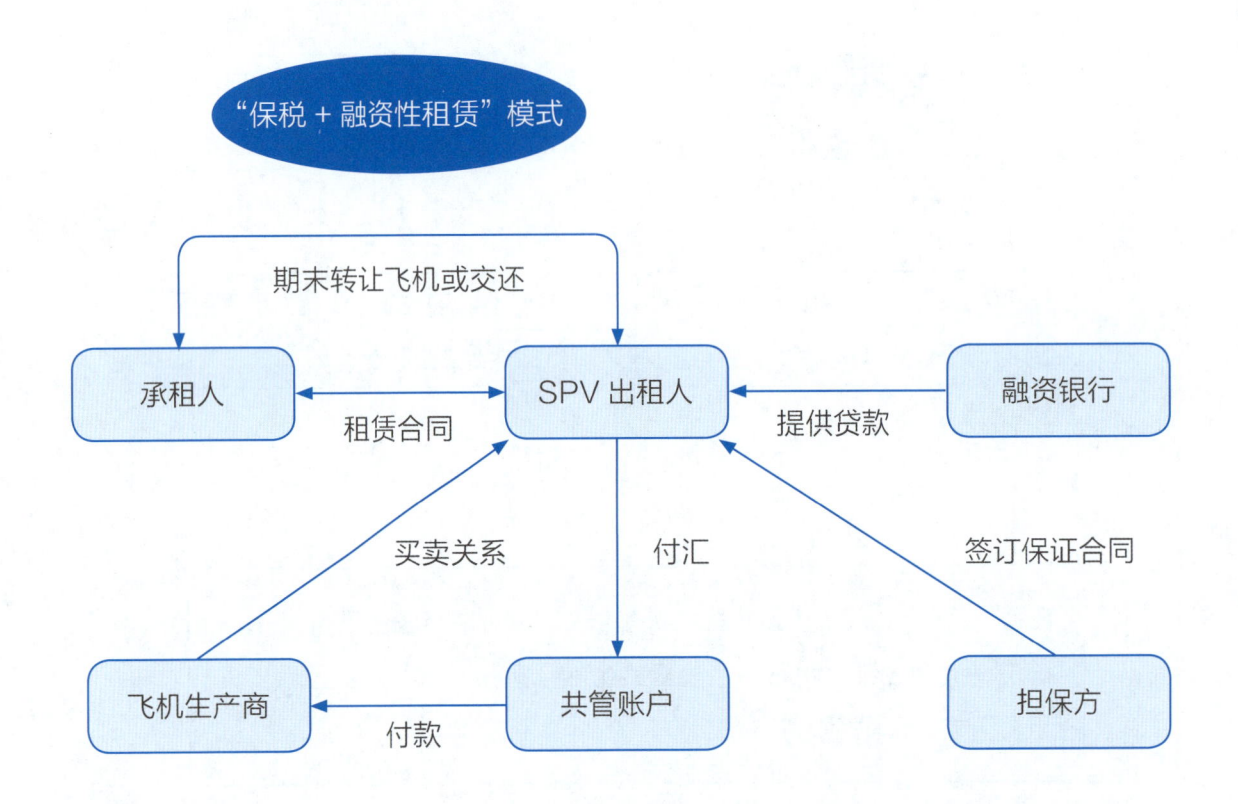

```
                    "保税+融资性租赁"模式

                         期末转让飞机或交还
         ┌──────────────────────────────────┐
         ↓                                  ↓
    ┌─────────┐   租赁合同    ┌──────────┐  提供贷款   ┌─────────┐
    │ 承租人  │ ←──────────→ │ SPV出租人 │ ←───────── │ 融资银行 │
    └─────────┘               └──────────┘             └─────────┘
                    买卖关系    ↓   ↓付汇   ↘签订保证合同
                              ↓              ↘
                    ┌───────────┐          ┌─────────┐
                    │ 飞机生产商 │ ←────── │ 共管账户 │         ┌────────┐
                    └───────────┘   付款   └─────────┘         │ 担保方 │
                                                                └────────┘
```

（三）天津东疆综合保税区租赁模式

全球第二大飞机租赁聚集地——天津东疆综合保税区

截至2022年8月，天津东疆综合保税区累计完成2000架飞机租赁业务，中国飞机租赁迎来高速发展期。其中，运输飞机1514架，占中国运输机队的比重超过三分之一。

政策红利

| 境外货物入区，免征进口关税和进口环节增值税 | 境内货物入区，享受出口退税 | 区内企业免征加工环节增值税 | 区内交易免征增值税和消费税 | 区内企业生产所耗用的水、电、气、热享受出口退税 |

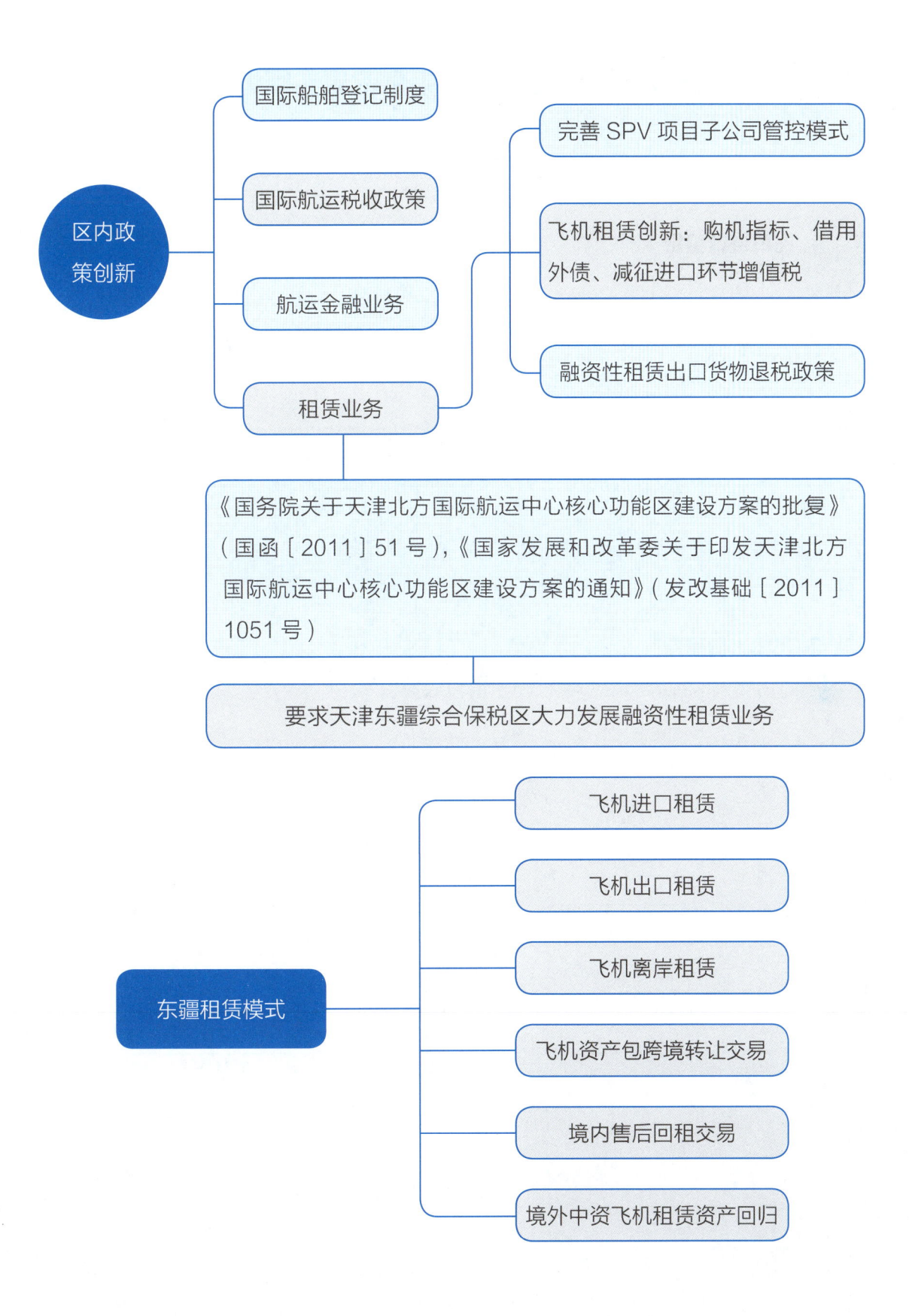

```
                          ┌─ 国际船舶登记制度
                          │
                          ├─ 国际航运税收政策                ┌─ 完善 SPV 项目子公司管控模式
            区内政          │                              │
            策创新 ────────┤                              ├─ 飞机租赁创新：购机指标、借用
                          ├─ 航运金融业务                   │  外债、减征进口环节增值税
                          │                              │
                          └─ 租赁业务 ─────────────────────┴─ 融资性租赁出口货物退税政策
                                 │
                                 ▼
```

《国务院关于天津北方国际航运中心核心功能区建设方案的批复》（国函〔2011〕51号），《国家发展和改革委关于印发天津北方国际航运中心核心功能区建设方案的通知》（发改基础〔2011〕1051号）

要求天津东疆综合保税区大力发展融资性租赁业务

```
                          ┌─ 飞机进口租赁
                          │
                          ├─ 飞机出口租赁
                          │
            东疆租赁模式 ──┼─ 飞机离岸租赁
                          │
                          ├─ 飞机资产包跨境转让交易
                          │
                          ├─ 境内售后回租交易
                          │
                          └─ 境外中资飞机租赁资产回归
```

天津东疆综合保税区租赁贸易实际运作

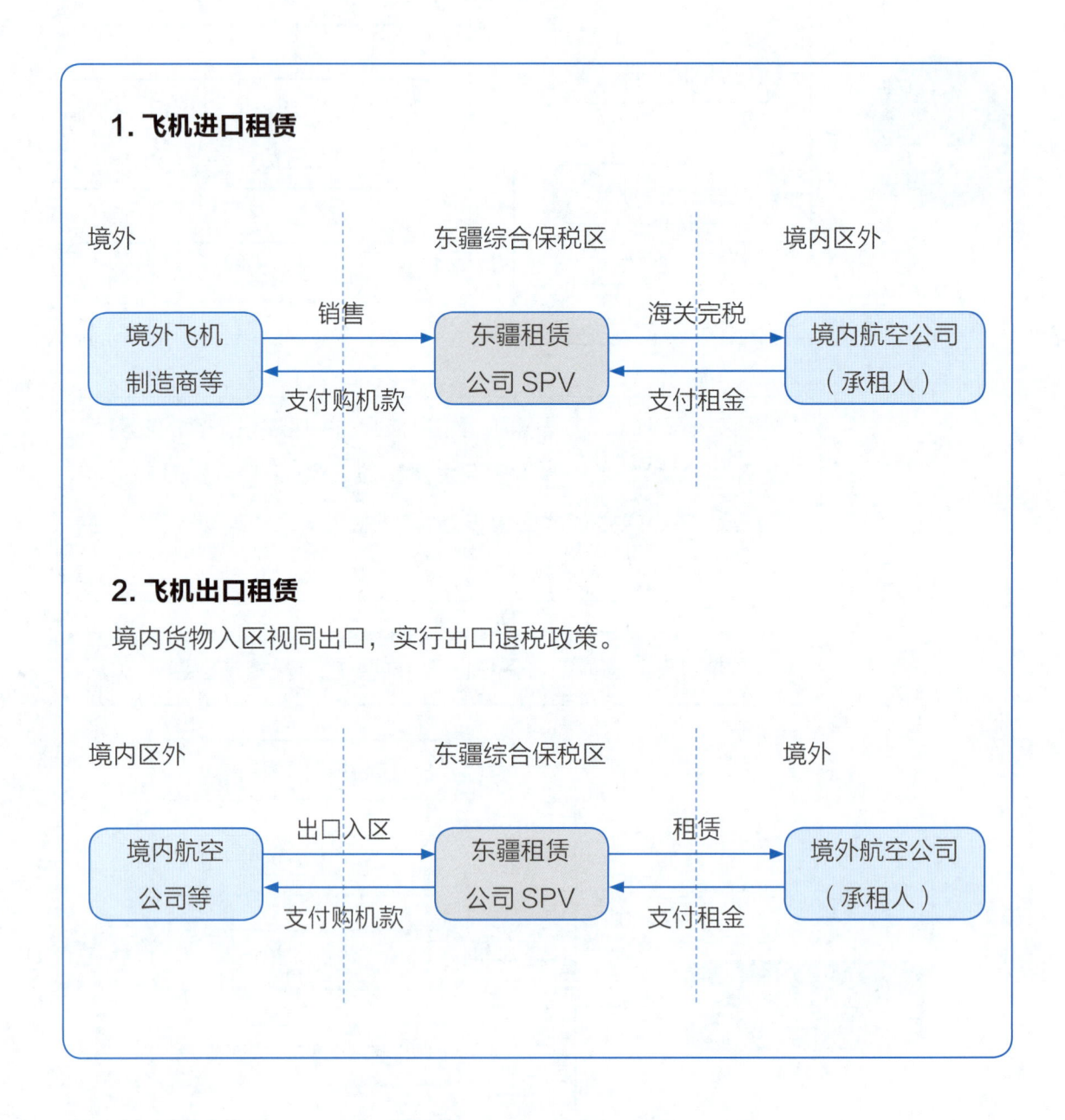

1. 飞机进口租赁

境外	东疆综合保税区	境内区外
境外飞机制造商等 —销售→ 东疆租赁公司SPV —海关完税→ 境内航空公司（承租人）
境外飞机制造商等 ←支付购机款— 东疆租赁公司SPV ←支付租金— 境内航空公司（承租人）

2. 飞机出口租赁

境内货物入区视同出口，实行出口退税政策。

境内区外	东疆综合保税区	境外
境内航空公司等 —出口入区→ 东疆租赁公司SPV —租赁→ 境外航空公司（承租人）
境内航空公司等 ←支付购机款— 东疆租赁公司SPV ←支付租金— 境外航空公司（承租人）

3. 飞机离岸租赁

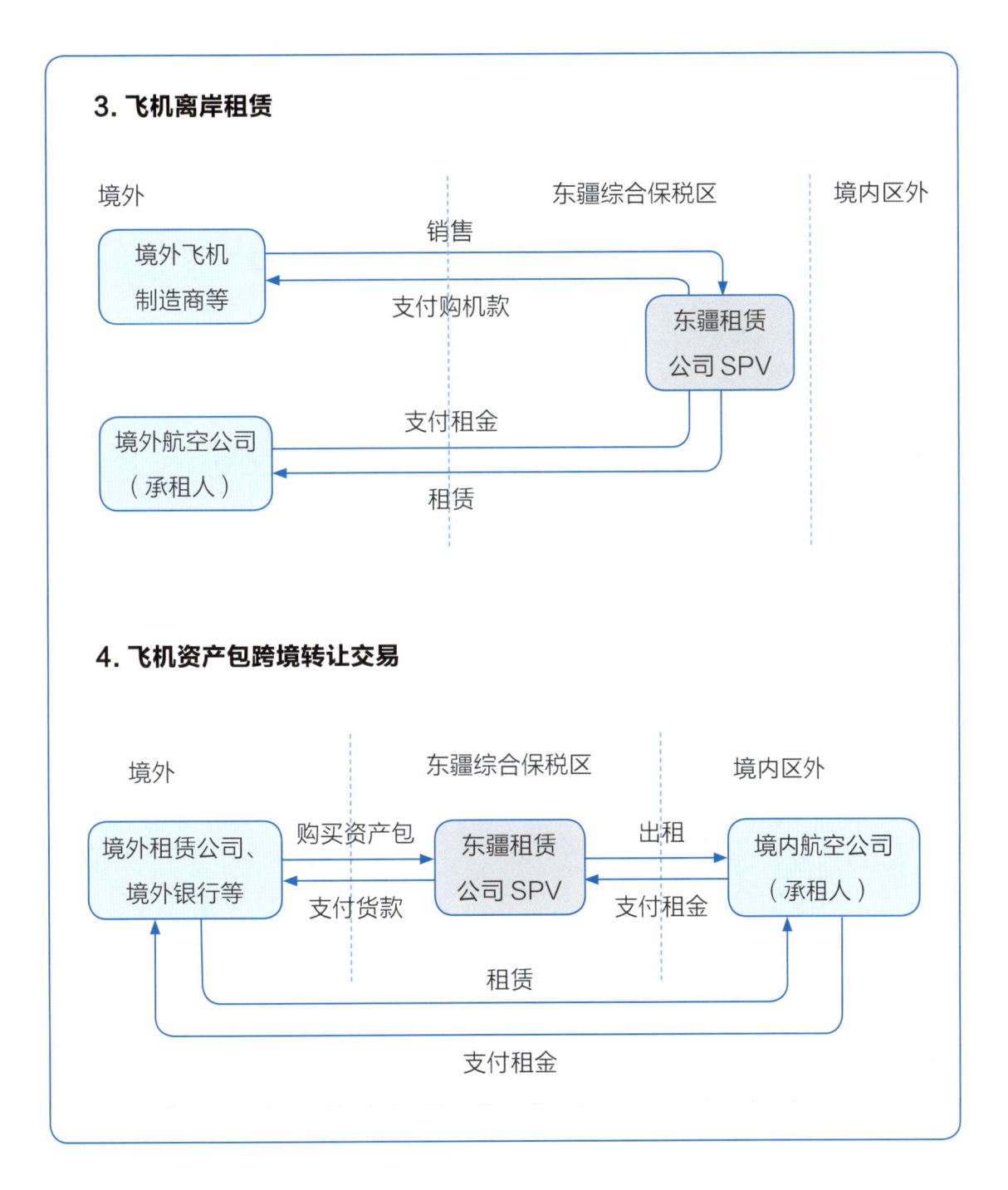

| 境外 | 东疆综合保税区 | 境内区外 |

- 境外飞机制造商等 ← 销售 ← 东疆租赁公司 SPV
- 境外飞机制造商等 ← 支付购机款 ─ 东疆租赁公司 SPV
- 东疆租赁公司 SPV ─ 支付租金 → 境外航空公司（承租人）
- 东疆租赁公司 SPV ─ 租赁 → 境外航空公司（承租人）

4. 飞机资产包跨境转让交易

| 境外 | 东疆综合保税区 | 境内区外 |

- 境外租赁公司、境外银行等 ─ 购买资产包 → 东疆租赁公司 SPV ─ 出租 → 境内航空公司（承租人）
- 境外租赁公司、境外银行等 ← 支付货款 ─ 东疆租赁公司 SPV ← 支付租金 ─ 境内航空公司（承租人）
- 租赁
- 支付租金

5. 境内售后回租交易

| 境内 | 东疆综合保税区 | 境外 |

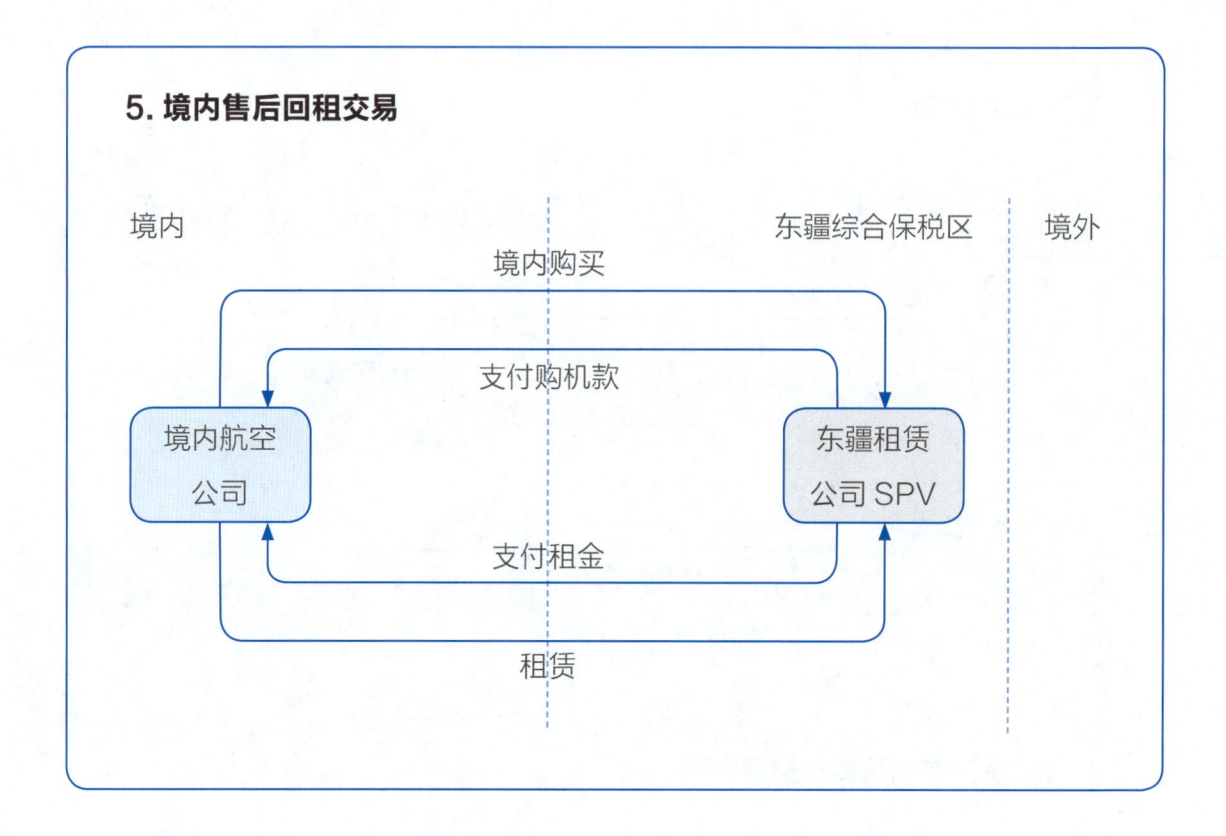

- 境内购买
- 支付购机款
- 境内航空公司
- 东疆租赁公司 SPV
- 支付租金
- 租赁

（四）融资性租赁的合同要点

表 2-2　融资性租赁的合同要点

合同要点	具体内容
租赁物	租赁物、交付时间、交付方式。
租赁期限	起租日、租赁期。
租金及支付方式	融资总金额、租金计算方式、租金支付方式、租金标准调整。
双方的权利义务	1. 出租人的权利义务 （1）出租人有权了解承租人的生产经营和财务状况，有权要求承租人及时、真实、完整提供相关材料。 （2）出租人有权了解航空器及其附属设备的运行状况。出租人有权要求承租人及时提供有关航空器及其附属设备的所在地、运营、使用、保险、登记、维护等方面的资料。 （3）出租人有权对航空器的运营、使用、维护和状况进行检查。在不干扰日常商业运营前提下，承租人应给予配合。 （4）在交付日或交付日前，出租人必须从制造商处取得航空器所有权及相关必要文件。 （5）除非租赁期提前终止或承租人发生违约事件，出租人不得干扰承租人使用、占有和运营航空器的权利。 （6）出租人保证承租人按照约定购买航空器的权利，此权利不会受到航空器转让或者抵押的影响。 （7）出租人对航空器的运营、使用、维护和状况进行检查或检验，不应影响承租人对航空器的正常经营使用。 2. 承租人的权利义务 （1）承租人应得到符合约定可使用的航空器及其附属设备，并有权运营该航空器。 （2）承租人有权占有、使用和运营航空器，除非租赁期提前终止或者承租人违反合同约定影响出租人行使相关权利，该项权利不因出租人享有航空器所有权而受到干扰。 （3）未经出租人事先书面同意，承租人不得出售、转让或以任何其他方式处置航空器，且不得对航空器设置任何形式的抵押或任何其他担保权益。

表 2-2（续 1）

合同要点	具体内容
双方的权利义务	（4）承租人应向出租人提供出租人认可的担保。当保证人发生下列情形之一时，承租人须及时告知出租人，并提供经出租人认可的新的担保： ①经营或财务状况严重恶化； ②在其他金融机构有到期债务未能偿还； ③涉及重大诉讼、仲裁或行政措施，主要资产被采取了财产保全或其他强制措施； ④停产、歇业、解散、停业整顿或营业执照被吊销、申请（被申请）破产等丧失担保能力的情形。 （5）承租人应自行承担航空器及其附属设备在使用过程中产生的费用，承担因非出租人原因导致的对航空器的扣押、冻结、留置或没收所发生的损失，承担因非出租人原因导致的与航空器及其附属设备相关其他承租人的债权人索赔而发生的损失，并补偿出租人因上述事项遭受的相关损失。 （6）承租人应负责航空器的备件、维修、保养、定检等，并承担有关费用。如果装配在航空器上的零部件损坏或无法使用，承租人应进行更换并自行承担相关费用。 （7）承租人应以书面形式准确完整保存航空器的飞行、机身和发动机的维护、修理以及按规定保留的有关航空器的记录、数据和文件。 （8）承租人应遵守有关航空器保险的法律要求，并承担保险费用。如果承租人未能续展保险，出租人有权办理相应的保险并支付保险费，有关费用应由承租人向出租人支付。
租赁物的损毁	1.＿＿＿方承担航空器的所有损失。在航空器发生＿＿＿金额的损坏（正常磨损除外）时，＿＿＿方应立即以书面形式通知＿＿＿方，并就有关补救措施提交书面文件，相关的费用由＿＿＿方承担。 2. 租赁期内航空器全损，如出租人未能在全损日后＿＿＿日内收到保险公司关于航空器全损的保险赔偿金，则承租人应在出租人要求后的＿＿＿个工作日内向出租人全额支付到期租金、未到期本金和出租人的实际损失以及其他应付款项。出租人收到前述款项，应立即签署并向承租人递交产权转移证书。 3. 租赁期内航空器全损，如出租人在全损日后＿＿＿日内收到保险公司关于航空器全损的保险赔偿金，该笔赔偿金应按下列条款使用： （1）保险赔偿金应冲抵所有到期租金、未到期本金和出租人的实际损失及其他应付款项，冲抵后多余部分，由出租人转付给承租人； （2）保险赔偿金应冲抵所有到期租金、未到期本金和出租人的实际损失及其他应付款项，冲抵后不足部分，由承租人向出租人补足。

表2-2（续2）

合同要点	具体内容
权属关系	1. 航空器所有权人按约定将航空器交付给承租人，经承租人验收合格并签署书面接收证明文件"航空器接收证书"后，航空器所有权人将所有权转移证明文件"所有权转移证书"交付给出租人。 2. 双方约定，航空器接收证明文件和所有权转移证明文件交付之日起，＿＿＿方享有航空器的所有权，＿＿＿方享有对航空器的占有和使用权，＿＿＿方承担航空器灭失、损毁等所有风险。航空器的发动机和零部件归＿＿＿方所有。因维修替换下的发动机和零部件的所有权归＿＿＿方享有。 3. 对航空器进行的改装、维修、保养、定检等所产生的对航空器的增值，＿＿＿方拥有所有权。 4. ＿＿＿方同意在航空器交付后的＿＿＿个工作日内办理航空器所有权登记，有关费用由＿＿＿方承担。 5. 租赁期届满，承租人向出租人支付名义货价等应付款项购买航空器，取得航空器所有权。航空器所有权转让给承租人后，出租人应立即签署并向承租人递交产权转移证明文件。航空器机身和发动机仍在有效期内的，出租人一并转让给承租人，同时出租人应向承租人递交航空器及其附属设备的相关技术资料。

三、其他租赁方式

（一）税务租赁

出租人可以享受投资、折旧、利息等方面的税务扣减，承租人不能以任何形式向出租人提供购置飞机的优惠。

出租人将其所有的飞机租给承租人使用，出租人是飞机的法定所有人和经济所有人，获得所在国或地区减税的经济利益，并以降低租金的形式向承租人转让部分减税优惠，承租人取得飞机的使用权并支付租金，租期结束时，承租人有按公平市场价格优先购买飞机的权利，也可以选择退租或续租。

（二）杠杆租赁

杠杆租赁，又称衡平租赁、举债租赁、贷购租赁、利用贷款租赁。

基本上是融资税务租赁的一种形式。

出租人只需投资飞机购买价格20%~40%的资金，其余的大部分资金以出租人的名义借款获得，但出租人必须以飞机作抵押并将有关权益转让给贷款人，即出租人拥有飞机的所有权，享有如同对飞机完全投资的同等税收优惠，并将一部分减税优惠以降低租金的方式转让给承租人，从而使承租人可以获得比其他方式更低的融资成本。

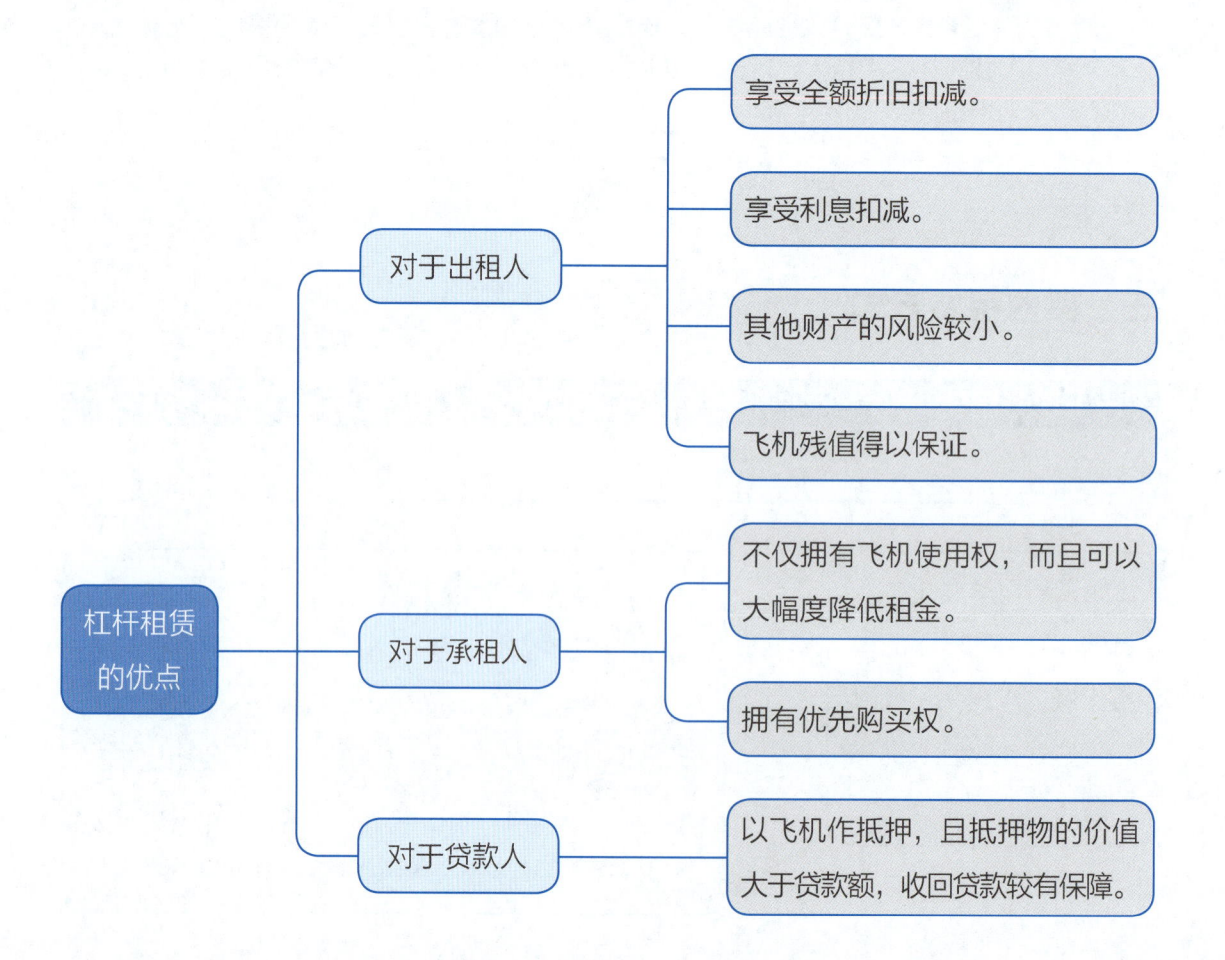

杠杆租赁的优点

对于出租人：
- 享受全额折旧扣减。
- 享受利息扣减。
- 其他财产的风险较小。
- 飞机残值得以保证。

对于承租人：
- 不仅拥有飞机使用权，而且可以大幅度降低租金。
- 拥有优先购买权。

对于贷款人：
- 以飞机作抵押，且抵押物的价值大于贷款额，收回贷款较有保障。

（三）转租赁

转租赁，就是由出租人从另一家融资性租赁公司或航空公司租进飞机，然后转租给承租人使用。第二出租人可以不动用自己的资金而通过发挥类似融资性租赁经纪人的作用获利，并能分享第一出租人所在国或地区的税收优惠，降低融资成本。

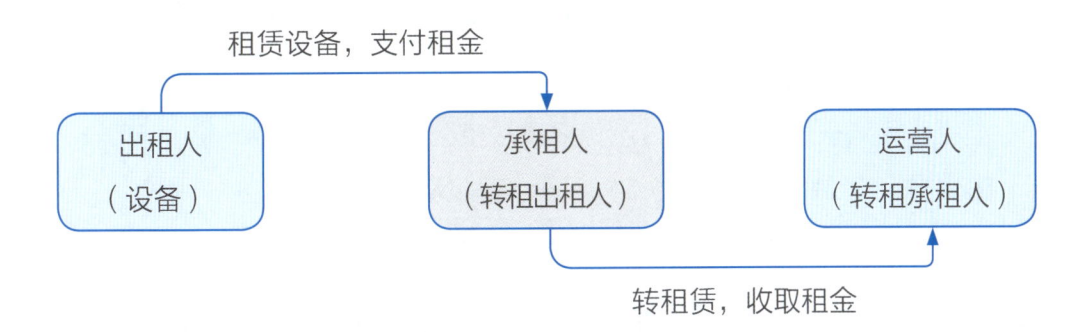

```
                租赁设备，支付租金
        ┌─────────────────────────┐
        │                         ▼
   ┌─────────┐              ┌──────────┐              ┌──────────┐
   │  出租人  │              │  承租人   │              │   运营人   │
   │ （设备） │              │(转租出租人)│              │(转租承租人)│
   └─────────┘              └──────────┘              └──────────┘
                                 │                         ▲
                                 └─────────────────────────┘
                                    转租赁，收取租金
```

（四）售后回租

售后回租，是指航空公司先将自己的飞机出售给融资性租赁公司（出租人），再由租赁公司将飞机出租给原飞机使用方（承租人）使用。飞机所有人（航空公司）通过这种方式可以在不影响自己对飞机继续使用的情况下，将物化资本转变为货币资本。

```
              出售设备，取得贷款（融资）
        ┌─────────────────────────┐
        │                         ▼
   ┌──────────┐              ┌─────────┐
   │  承租人   │              │  出租人  │
   │(设备原主) │              │         │
   └──────────┘              └─────────┘
        ▲                         │
        └─────────────────────────┘
              租回原有设备，支付租金
```

（五）干租

干租是指航空运输企业将飞机在约定的时间内出租给他人使用，出租人只提供飞机，不承担运输过程中的各种费用，收取固定租赁费，机组人员、维修、保险及备件等均由承租人自己解决。

（六）湿租

湿租是相对于干租而言的，湿租要求航空公司不仅要提供飞机，还要提供相应的机组人员、机务维修人员、保险及备件，以提供飞行服务。

（七）尾款租赁

尾款租赁又称"残值租赁"或"二手飞机租赁"，在租赁的进口飞机到期后，不论是采用融资性租赁，还是采用中长期经营性租赁，按照合同规定，除去租期内航空公司已支付的租金，这些飞机的余值仍占飞机购置成本的30%~40%，为进一步实现资产优化配置，航空公司与境内金融租赁公司或合资租赁公司合作，或引进境外专业飞机租赁公司成立合资的飞机租赁公司，采用国际通行的租赁合同权利转让或出售回租等方式，对租赁到期的引进飞机开展尾款租赁。

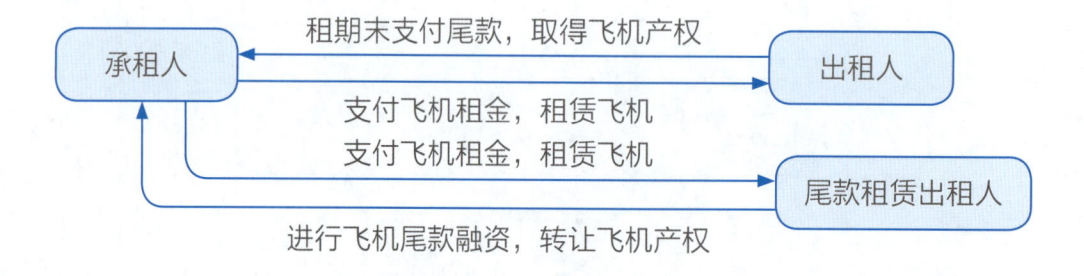

承租人 ←── 租期末支付尾款，取得飞机产权 ── 出租人

承租人 ── 支付飞机租金，租赁飞机

承租人 ── 支付飞机租金，租赁飞机 ── 尾款租赁出租人

进行飞机尾款融资，转让飞机产权

第三节
飞机租赁贸易进口报验状态

表 2-3　飞机租赁贸易进口报验状态

监管方式代码	商品编码	商品名称	商品规格、型号
0110	8802401000	民航客运飞机	航空运输；客运飞机；41413 千克；BOEING；B737-800
0110	8802401000	民航客运飞机	航空运输；客运飞机；41413 千克；BOEING；B737-87L
0110	8802401000	民航客运飞机	航空运输；客运飞机；41413 千克；BOEING；B737-800
0110	8802401000	民航客运飞机	航空运输；客运飞机；41244 千克；AIRBUS；A320-200
0110	8802401000	民航客运飞机	航空运输；客运飞机；41244 千克；AIRBUS；A320-214
0110	8802401000	民航客运飞机	航空运输；客运飞机；41413 千克；BOEING
0110	8802401000	民航客运飞机	航空运输；客运飞机；41413 千克；BOEING；B737-800
0110	8802401000	民航客运飞机	航空运输；客运飞机；40540 千克；AIRBUS；A319-133
0110	8802401000	民航客运飞机	航空运输；客运飞机；41345 千克；AIRBUS；A320-232；非公务机
0110	8802401000	民航客运飞机	航空运输；客运飞机；40590 千克；AIRBUS；A319-133
0110	8802401000	民航客运飞机	航空运输；客运飞机；41960 千克；AIRBUS；A320-232；非公务机
1523	8802401000	民航客运飞机	航空运输；客运飞机；41910 千克；AIRBUS；A320-232
1523	8802401000	民航客运飞机	航空运输；客运飞机；41950 千克；AIRBUS；A320-232

表 2-3（续 1）

监管方式代码	商品编码	商品名称	商品规格、型号
1523	8802401000	民航客运飞机	航空运输；客运飞机；40540 千克；AIRBUS；A319-133
1523	8802401000	民航客运飞机	航空运输；客运飞机；40570 千克；AIRBUS；A319-133
1523	8802401000	民航客运飞机	航空运输；客运飞机；39826 千克；AIRBUS；A319-133
1523	8802401000	民航客运飞机	航空运输；客运飞机；41345 千克；AIRBUS；A320-200
1523	8802401000	民航客运飞机	航空运输；客运飞机；41468 千克；BOEING；B737-800；非公务机
1523	8802401000	民航客运飞机	航空运输；客运飞机；41413 千克；BOEING；B737-800；非公务机
1523	8802401000	民航客运飞机	航空运输；客运飞机；41413 千克；BOEING；B737-800
1523	8802401000	民航客运飞机	航空运输；客运飞机；38060 千克；BOEING；B737-700
1523	8802402000	民航客运飞机	航空运输；客运飞机；122315 千克；AIRBUS；A330-300；非公务机；新飞机
9800	8802401000	民航客运飞机	航空运输；客运飞机；39113 千克；BOEING；B737-800；非公务机
9800	8802401000	民航客运飞机	航空运输；客运飞机；42104 千克；AIRBUS；A320-214
9800	8802401000	民航客运飞机	航空运输；客运飞机；41995 千克；AIRBUS；A320-214
9800	8802401000	民航客运飞机	航空运输；客运飞机；41890 千克；AIRBUS；A320-214
9800	8802401000	民航客运飞机	航空运输；客运飞机；41990 千克；AIRBUS；A320-214
9800	8802401000	民航客运飞机	航空运输；客运飞机；41990 千克；AIRBUS；A320-214

表 2-3（续 2）

监管方式代码	商品编码	商品名称	商品规格、型号
9800	8802401000	民航客运飞机	航空运输；客运飞机；41930 千克；AIRBUS；A320-214
9800	8802401000	民航客运飞机	航空运输；客运飞机；41890 千克；AIRBUS；A320-214；非公务机
9800	8802401000	民航客运飞机	航空运输；客运飞机；41930 千克；AIRBUS；A320-214
9800	8802401000	民航客运飞机	航空运输；客运飞机；41890 千克；AIRBUS；A320-214
9800	8802401000	民航客运飞机	航空运输；客运飞机；38963 千克；BOEING；B737-800
9800	8802401000	民航客运飞机	航空运输；客运飞机；41241 千克；BOEING；B737-800
9800	8802401000	民航客运飞机	航空运输；客运飞机；41413 千克；BOEING；B737-800
9800	8802401000	民航客运飞机	航空运输；客运飞机；41413 千克；BOEING；B737-800
9800	8802401000	民航客运飞机	航空运输；客运飞机；41219 千克；BOEING；B737-800
9800	8802401000	民航客运飞机	航空运输；客运飞机；37785 千克；BOEING
9800	8802401000	民航客运飞机	航空运输；客运飞机；37934 千克；BOEING
9800	8802401000	民航客运飞机	航空运输；客运飞机；38904 千克；BOEING；B737-800
9800	8802402000	民航客运飞机	航空运输；客运飞机；122300 千克；AIRBUS
9800	8802402000	民航客运飞机	航空运输；客运飞机；122315 千克；AIRBUS
9800	8802402000	民航客运飞机	航空运输；客运飞机；122300 千克；AIRBUS；A330-300

空客 A380

公务机

直升机

波音 737

空客 A320

第四节
飞机租赁贸易相关费用

一、一般贸易进口采购的价格构成

此处主要介绍折扣，装饰费、改装费，以及调机费。

（一）折扣

表 2-4 折扣的分类

折扣的分类	折扣明细
按折扣类型分	现金折扣
	信用折扣
按折扣内容分	机身折扣
	额外机身折扣
	改装折扣
	新用户折扣
	发动机折扣

注：部分飞机的折扣与飞机相关的零部件采购数量直接相关。

现金折扣

现金折扣可以视为价格条款，属于可选择性条款，即进口商可以根据实际情况选择含折扣的价格条款或不含折扣的价格条款，而卖方承诺对于买方的选择都予以认可。

⬇

因此，在现金折扣的情况下，进口货物的实付或应付价格应根据买方对价格条款的实际选择予以确定。

如果买方在进口申报前，或者在海关确定完税价格前已经确定现金折扣，海关将以实际支付的款项确定完税价格。

如果买方在进口申报前，或者在海关确定完税价格前仍未实现现金折扣，则应以交易总金额确定完税价格，不再从交易总金额中扣除现金折扣部分。

> 与现金折扣相对的是非现金折扣

> 非现金折扣，是指卖方给予买方的除现金折扣外的其他优惠，一般不能用于冲抵飞机货款，不应从飞机的完税价格中扣除。

（二）装饰费、改装费

> 装饰费或改装费属于飞机采购成本的一部分，应计入进口飞机完税价格。

（三）调机费

> 调机费是买方委托境内托管公司到飞机制造厂代为验收并自行飞回境内的费用，不再另行计入完税价格。

按照《审价办法》第三十五条的规定

> ……运输工具作为进口货物，利用自身动力进境的，海关在审查确定完税价格时，不再另行计入运输及其相关费用。

二、经营性租赁的费用构成

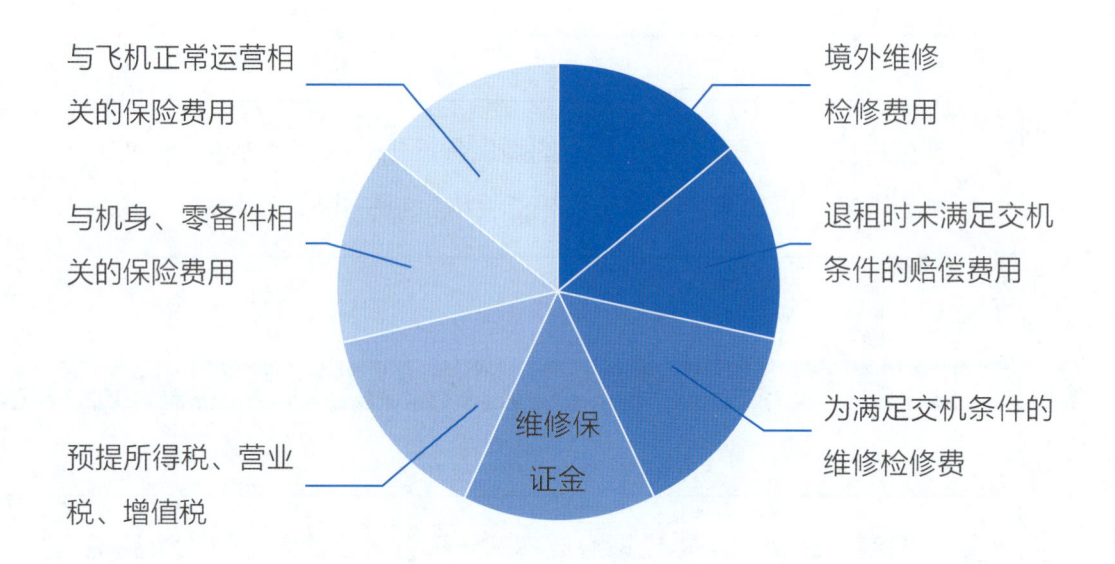

饼图组成部分：
- 境外维修检修费用
- 退租时未满足交机条件的赔偿费用
- 为满足交机条件的维修检修费
- 维修保证金
- 预提所得税、营业税、增值税
- 与机身、零备件相关的保险费用
- 与飞机正常运营相关的保险费用

根据海关总署公告 2016 年第 8 号规定

↓

租赁期间发生的由承租人承担的境外维修检修费用，按照《审价办法》第二十八条"运往境外修理的机械器具、运输工具或者其他货物，出境时已向海关报明，并且在海关规定的期限内复运进境的，应当以境外修理费和料件费为基础审查确定完税价格。出境修理货物复运进境超过海关规定期限的，由海关按照本办法第二章的规定审查确定完税价格"的规定审价征税。

在飞机退租时，承租人因未符合飞机租赁贸易中约定的交还飞机条件而向出租人支付的补偿或赔偿费用，或为满足飞机交机条件而开展的维修检修所产生的维修检修费，无论发生在境内或境外，均按租金计入完税价格。

飞机租赁结束后未退还承租人的维修保证金，按租金计入完税价格。

对于出租人为纳税义务人，而由承租人依照合同约定，在合同规定的租金之外另行为出租人承担的预提所得税、营业税、增值税，属于间接支付的租金，应计入完税价格。

在飞机租赁贸易中约定由承租人支付的与机身、零备件相关的保险费用，无论发生在境内或境外，属于间接支付的租金，应计入完税价格。

与飞机租赁期间保持正常营运相关的保险费用，不计入完税价格。

三、融资性租赁的费用构成

手续费、安排费、操作费

租赁本金（飞机购置价款、预付款、留购款等）、租金利息

租前息

根据《审价办法》第三十一条规定

租赁方式进口的货物，按照下列方法审查确定完税价格：
（一）以租金方式对外支付的租赁货物，在租赁期间以海关审查确定的租金作为完税价格，利息应当予以计入；
（二）留购的租赁货物以海关审查确定的留购价格作为完税价格；
（三）纳税义务人申请一次性缴纳税款的，可以选择申请按照本办法第六条列明的方法确定完税价格，或者按照海关审查确定的租金总额作为完税价格。

租赁本金 租金利息 → 租赁本金、租金利息属于租金的直接组成部分，应该计入租赁飞机的完税价格。租赁本金一般包括飞机购置价格、预付款、留购款（留购保证金）及相关费用。因此，未包含在申报价格中的预付款、留购款是直接或间接支付的款项，应计入完税价格。承租人前期支付的租金与留购价格之和，应与融资协议中约定的购机价款及相关利息之和一致。

租前息 → 租前息是指由承租人支付，在起租日之前出租人垫付资金购买飞机而产生的利息，属于租金的组成部分，应计入完税价格。

手续费 安排费 操作费 → 因融资性租赁产生，由承租人支付给出租人的手续费、安排费、操作费，属于租赁成本的一部分，应调整计入完税价格。

四、飞机租赁相关费用的合同要点

（一）经营性租赁合同

租金条款

1. 租金支付协议

承租人应在交付日期以及租赁期间各随后历月中某一天（该日期被称为"付租日期"，该日期与交付日期在数字上相对应，或当该历月日期无法在数字上与交付日期相对应时，则该日期应为此历月的最后一天）前向出租人支付每月租金。任何少于完整历月天数的租金应根据该期限天数和相关历月天数按比例计算。若因承租人原因导致交付日期延期，且迟于××××年××月××日，则为免生疑问，承租人应于××××年××月××日前首次支付月租金。

2. 租金计算

各付租日期的应付租金应为固定额，即 × 美元。

3. 附加款项

在根据该协议条款规定发出附加应付款项通知后 × 个营业日内，承租人应向出租人（或依据其他相关索赔款项的合理证明材料证明有权收款的人员）支付所有附加款项。若承租人未能支付任何附加款项，则出租人应依据相关权益规定进行处理。

4. 无条件付租义务

承租人根据该协议规定支付租金和任何其他付款的义务应具备绝对性、无条件性和不可撤销性，并不考虑任何意外情况，包括（但不限于）：

（1）飞机因任何原因（包括但不限于飞机适航性、适销性、任何适用性和任何性质的状况、设计或操作过失）导致无法投入使用；或

（2）飞机不适用于任何特定目的或贸易，或根据任何相关管辖区域的法律规定，飞机无法登记或存档；或

（3）飞机、机身或发动机全部耗损或出现任何损害；或

（4）承租人对出租人、任何融资方或任何其他人士提出任何抵销、反索赔或其他权利；或

（5）该协议任一当事方未能或逾期履行该协议任何条款或条件；或

（6）由出租人、任何融资方、承租人提出的或向出租人、任何融资方、承租人提出的任何无力偿付、破产、重组、债务重调、解散、清偿或类似行为；或

（7）无该协议中或任何其他有效文件中应获得的批准，或该协议或任何其他有效文件中存在不足。

付款、利息和计算条款

1. 向出租人付款

承租人根据任何有效文件规定向出租人支付的所有款项应以特定数额（该数额等于付款到期时应付至收租账户或任何其他账户的数额，此等其他账户由出租人为付款目的通过为期不少于 × 个营业日的书面通知告知承租人）进行支付。

2. 非营业日付款

当有效文件项下给出租人的任何付款于非营业日到期，则付款到期日应为下一个营业日。

3. 逾期付款

若承租人无法在该协议或任何其他有效文件下规定的付款到期日向出租人支付任何款项，承租人应从到期日至实际支付日就此款项按违约利率向出租人支付认定利息。

4. 利息计算

该协议或任何其他有效文件项下各方的年度所有利息按实际经过的天数计算。

5. 认证

任何由出租人根据该协议或任何其他有效文件规定或目的做出的与利率或任何其他款项相关的认证或决定应无重大错误，并应作为按此认证或确定的利率或款项的绝对证据。

6. 货币兑换

若在该协议下或在与该协议相关指令或判决下由承租人向出租人支付的任何到期款项已由货币（第一类型货币）（该货币根据此类有效文件或指令或判决规定同样具备可支付性）兑换为其他货币（第二类型货币），其目的是为了：

（1）向承租人提出或要求索赔或证明；

（2）在任何法庭或其他审裁处获得决议指令或判决；或

（3）使任何与此类有效文件相关的指令或裁决生效。

则承租人应确保出租人免受因兑换汇率（将所述款项从第一类型货币兑换为第二类型货币的汇率）与购买汇率[出租人（接收人）在收到因指令、判决、索赔或证据而获得的全部或部分赔偿款项后，在贸易常规过程中用第二类型货币购买第一类型货币的汇率]间的差值而造成的任何损失。

租赁和生效条款

1. 租赁协议

出租人与承租人应根据该协议条款和条件出租和租用飞机，且出租和租用有租赁期。"租赁期"是指从交付日期起至租赁终止日期的时间段。

2. 交付

当飞机于交付地点进行交付时，承租人应根据该协议规定接收飞机，租赁期应开始生效。各方应承诺会在预计交付月期间按要求进行交付。承租人应编制和递交验收证书［除非验收证书中另有明确说明，否则验收证书应包含下列证明内容：飞机（包括飞机各零件以及飞机文件）在各方面均满足承租人要求；承租人已根据该协议规定不可撤销并无条件地接收了飞机］。此外，承租人应根据交付日期支付所需待付租金。

3. 交付条件和程序

承租人承诺会单独为飞机状况、质量、适用性和适应性承担责任。出租人、飞机所有人和任何融资方均不应对任何损失、损害或因飞机任何物理缺陷或所谓机身缺陷直接或间接导致的利润损失或因飞机状况与该协议中所述状况发生任何偏离而承担任何责任。承租人应承认并同意其对飞机的选择是经个人判断，而非依据出租人、飞机所有人、任何融资方的意见或任何由出租人、飞机所有人或任何融资方提供的材料；出租人、飞机所有人和任何融资方均非飞机的制造商或经销商。

4. 延期交付

对因该协议项下飞机延期交付或未能将该协议项下飞机交付至承租人而产生的任何费用，出租人概不负责，且承租人不应免除接收该协议项下飞机的义务。

5. 取消

若自预计交付月结束后 12 个月内未交付飞机或若在交付前飞机已造成大量耗损，则任一方均可以书面通知方式告知另一方终止该协议。因此，该协议项下各当事方的权利与义务也将终止。此外，除在此情况下（即发生终止事件且该事件处于持续状态），出租人应向承租人支付一定款项，且该款项额等于承租人曾于交付前根据前述条款规定向出租人交付的保证金款额（该付款不计算任何利息、任何扣缴税款净利息或其他税款）。在不影响前述规定情况下，各当事方应在收到另一方通知后，秉承诚信善意原则与其他方商议，以确定出租人、承租人和机身制造商是否可就交付备选日期达成一致意见。

租约终止条款

承租人办理的飞机租赁应在以下任何情况发生之初终止：

1. 飞机在租赁期间的总损耗超出向出租人支付的约定金额款项，尽管承租人在该协议下有其他义务，且已执行了各个其他有效文件；
2. 承租人在到期日或在出租人选择根据相应条款决定的更晚日期向出租人归还了飞机，无论在任何情况下，尽管承租人在该协议下有义务，且已执行了各个其他有效文件；
3. 该协议在发生终止事件后终止。

未能归还飞机条款

无论出于什么原因，若承租人未能在规定时间或以规定状态归还飞机，则出租人可选择延续承租人在该协议下的义务，且租赁期应视为延长，直到承租人归还飞机为止，但不得将本段落理解为允许承租人不按该协议要求履行归还飞机的义务，且不得视为是出租人对任何因该原因造成的终止事件的豁免或影响出租人的相关权利。

保证金条款

1. 支付保证金
承租人应在签订租赁合同后 × 个营业日内向出租人支付 × 美元作为保证金首付款。交付时应支付保证金余额，以至于保证金总额等于 × 个月租金。此类总额将构成承租人支付保证金的义务。

2. 保留一定付款
当任何相关事件已发生且处于持续状态时，有效文件中所述的任何应付至承租人或可由承租人保留的款项不应付给承租人或由承租人保留；相反，此类款项应付给出租人或由出租人持有，以作为相关义务（根据该协议规定，此相关义务需予以履行）的保证金。当任何相关事件结束时，应向承租人支付此类款项，且根据前述规定此类款项应原封不动退还。当出租人因本条规定或任何类似规定有义务向承租人进行任何付款时，出租人可选择就此付款，但应有权从此类付款中扣除或扣留承租人在相关义务或与此相关事项中到期应付但未付款项。

3. 退还保证金
出租人应在该协议下飞机租赁终止后的 × 个营业日内向承租人退还保证金。

4. 出租人保证金和维护储备金的所有权
保证金和维护储备金应为出租人的绝对财产，且出租人可自行决定将其与任何其他个人资金合并按出租人认为合适的任何方式（但该方式须符合出租人根据该协议项下条款规定对此类保证金进行等额归还的义务）进行处置。若在某个范围内，依据任何相关管辖权适用法律规定，将保证金或维护储备金视为承租人的财产，则为了使承租人及时履行相关义务，保证金和/或维护储备金应作为担保由出租人持有，且承租人应特此以出租人为受益人分配并支付保证金和维护储备金，以及就保证金和维护储备金担保权益特向出租人授予绝对优先权，以确保此类付款和履约。在此情况下，承租人不应通过保证金和维护储备金或通过任何其他方式对此进行处置而创造任何其他担保权益。若发生终止事件且该事件处于持续状况，出租人可根据适用法律规定作为被担保方或任何其他方持有全部或任何部分保证金和维护储备金，并可使用、采用、保留全部或部分保证金和维护储备金，且用于抵销与任何相关义务有关的全部或部分到期应付款；以此方式，出租人可就相关义务未被履行或终止事件发生而可能产生的费用或因相关义务未被履行造成的损失或因终止事件发生而导致的费用获得赔偿。如果出租人使用或采用全部或部分保证金和维护储备金用于抵销，此类使用或采用不应视为承租人就终止事件的解决方案或出租人或其他方就终止事件的责任豁免，且承租人应在出租人提出请求后×个营业日内以现金方式向出租人支付必要款额，以就保证金而言可恢复至原始数额，而就维护储备金而言可使维护储备金立即与未使用前的款额相等。

税费条款

税费是指由任何政府实体征收、收取或摊派或以其他方式应支付给任何政府实体的任何及所有当前和未来销售税、使用税、个人财产税、海关税、增值税、营业税、印花税、利息平衡税、收入所得税、利润税或利得税、总收入税或其他税费、征税、课税、费用或扣缴税款，以及任何罚款、附加费或利息（并且"税款"应据此阐释）。

1. 税款赔偿
承租人同意会即刻向受偿方赔偿和支付因飞机或飞机零件或飞机附带设备或与飞机相关特定装置租用、转租或包租或接收、运入、运出（包括但不限于租赁终止时从登记国或地区运往飞机交还地点）、交付、未交付、交还、登记、占用、使用、参与运作、管理、替换、操作、储存、整改、退换、维修、投保、修理、损失、破坏、机械故障恢复、占有法定所有权和实益所有权或权益而随时产生的应付税款（除任何受偿方税款外），并使其不受损失，且付款包括与此等税款相关且根据该协议任何其他规定不应由受偿方赔偿的合理支出和费用。

2. 补偿费

若根据法律规定，承租人须随时从自身（承租人）向出租人或任何受偿方支付的应付款中扣减或扣留由政府实体或其税务机构或任何国际税务机构（统称为"各税务机构"，单独称为"税务机构"）征收的税款：则应按一定程度增加承租人的应付款款额，以确保扣减或扣留后，出租人或相关受偿方于付款到期日接收的净总额等于应收到的款额（即未要求扣减或扣留时的总额）；承租人应在适用法律允许的期限内向相关机构全额支付应减除额或应扣缴税款；承租人应就出租人或相关受偿方因承租人未能进行扣减或扣留或因付款后未于到期日增加付款额而遭受的任何损失或费用，向出租人或相关受偿方做出赔偿；以及承租人应及时向出租人递交任何收据、证书或其他证明材料或此类材料复印件，以证实上述扣减或扣留中已付或应付款项（若有）。

3. 印花税

承租人应支付根据有效文件规定的或与有效文件相关的所有印花税、票据税、登记税或任何其他类似税款（包括任何由受偿方支付的税款）。

4. 赔偿税

若据证明，承租人根据协议条款规定应付给任何受偿方的付款款额不足时，则为就税款向此类受偿方清偿相应赔偿费用，承租人应向此类受偿方即期支付额外弥补款项（任何后续税款均考虑在内）。

5. 增值税

所有承租人明确应付款项均不包含任何适用增值税。若在中华人民共和国境内（或如有不同，登记国或地区或飞机常规基地）须就付款（或为付款而进行该协议项下任何相关供应）被征收增值税，则除了该协议项下承租人明确应付款项外，承租人还应向出租人支付增值税。

6. 其他税费

承租人应就飞机运入中华人民共和国境内负责获得一切批准（包括但不限于CAAC核准）。承租人应负责所有与交付后承租人将飞机运入中华人民共和国境内相关的任何税款或其他应付款项。

保险条款

1. 保险义务

在整个租赁期，承租人应使得下列保单生效并具有完全效力：

（1）飞机舱体协定保险价额的综合险投保；备件（包括未安装在飞机上的发动机与零件）的完全重置成本基准的综合险投保；舱体和备件战争险及相关事故险，包括战争、劫持及其他事故免责条款以外的事故，不包括下方第（2）款中所述的以及出现战争时的飞机舱体协定保险价额及备件的完全重置成本。综合舱体险各事件可扣除的部分不得超过允许扣减额，且承租人应通知保险人该协议需要将总损失收益支付给出租人或指定融资方（若该方为唯一损失收款人）。

（2）所有飞机第三方、旅客、货物、产品、邮件和航空公司普通第三方法律责任保险，包括战争和相关事故险（不包括战争、劫持及其他事故免责条款以外的事故），各事件及产品责任合计金额不得少于协定责任险承保范围。

（3）所有此类保险应在全球范围内适用（受标准保险市场地域限制）且应直接投入国际保险市场，保险人应有明确的责任且商誉良好，专业从事保险且经常参与航空保险。

（4）承租人应根据出租人的要求随时确认保险中保险人和核保人的身份以

及各自承担的风险份额。

（5）在本条第（1）款所指的保险中应指定出租人、飞机所有人和保险代理人为其各自权益的附加投保人，且在本条第（2）款所指的保险中应包含作为各附加投保人的保险受偿者。

2. 责任保险

所指的保险应：

（1）包括投保（保单所承保的风险范围）的赔偿规定；

（2）在租赁终止日期后的 2 年期限内或下一个 6 年期检查之前（以时间较短者为准），继续包含作为各附加投保人的保险受偿者；

（3）在出租人根据相关条款进行任何转让的日期之后的 2 年期限内或下一个 6 年期检查之前（以时间较短者为准），继续包含作为各附加投保人的转让出租人。

3. 保险凭证

在任何根据该协议生效的保险未逾期或终止以前，在任何适用情况下，承租人应向出租人提供：

（1）一份保险更新凭证副本，以表明该保险及保险人/代理人担保书已经更新或已经进行了替换，且格式需符合出租人要求；或

（2）一份从承租人的保险人或保险代理人处取得的传真确认，证明该保险已根据该款要求更新。

若出现本条第（2）款中的情况，承租人须在更新后的 7 天内向出租人提供一份保险人或代理人所承担的保险的凭证，且需符合本条第（1）款要求。

4. 出租人权益的受让人

如果出租人将其对飞机的全部或任何权益转让给其他任何人员或以其他方式处理，承租人应当根据要求保证该人员应被指定为保险受益人（并如实通知保险公司）和/或作为该协议中受影响的保单中的额外被保险人，且享有出租人在该保单下享有的相同权利和保险。

5. 与保险相关的信息

承租人应随时向出租人和安全代理人提供其合理要求的信息，该信息可能涉及保险或与该协议项下所做出或提议的任何索赔有关。

6. 未能投保

若在任何时候未能根据该协议进行投保（该未投保的情况不得损害有效文件项下的任何权利），出租人或任一融资方有权但不限于进行如下处理：

（1）通知承租人支付所有到期保险费或使该保险生效并维持其有效性，或对未投保行为进行补救，以达到出租人或任一融资方（如适用）的要求［且承租人应按要求足额偿还出租人或相关融资方（如适用）在该续保中已支付的所有金额］；和/或

（2）若在任何时间该未投保行为仍然持续，为使得飞机受到充分保障，要求将飞机转停至或停留在出租人所指定的任何机场，直至该未投保行为得到补救并达到出租人要求。

7. 出租人保险权

承租人承认出租人和各融资方均对该飞机具有保险权益，并可自费根据该保险权益以自己的名义获得保险。承租人应随时向出租人和各融资方提供一切合理的协助，以充分保护该保险权益。出租人或各融资方的任何维持保险行为均不得损害承租人根据该协议维持的保险。

8. 保险实务的变更

若在普遍接受的全行业实践中出现了重大变更或飞机在其所操作的管辖区内的保险出现任何重大变更，致使出租人有合理的理由认为该协议要求的保险不足以保障出租人或其他受偿人的相关权益（考虑飞机的运行性质和航线），则该协议规定的保险要求应在出租人对承租人发出通知后尽快做出修正，以包括额外或不同的要求，可以保证能有多种保险为出租人或其他受偿人提供充分保护，以达到该变更未出现时的保险程度。在该情况下，出租人应友好地向承租人咨询所有提议的变更方面的问题。

维护及保养要求条款

1. 总体运行

承租人应确保飞机维修、使用或运行不会违反任何适用法律、法规或规则、适航指令,或对出租人、承租人和／或飞机有司法管辖权(境内或境外)的任何政府单位的命令,不得违反该政府单位发布的飞机适航证、许可证或注册证书。若任何适用法律、许可证或注册证书要求增加、修改或更改飞机维护及保养要求,承租人应遵照执行,按照法律、许可证或注册证书使飞机保持正常运行状态,由此产生的成本和费用由承租人自行承担。

2. 维护、修理、检修和操作

(1)一般义务

承租人在自己支付成本和费用的情况下确保经批准的维修执行人员:保养、修理、维护、修饰、检修和测试飞机、发动机及所有零件,以使飞机、发动机和所有零件能够使用且处于良好运行状态,使飞机符合必要条件以确保飞机适航证按照登记国(地区)法律存续,严格遵守相关制造商的要求和经批准的维护方案;保持航空管理部门要求的飞机相关的所有记录、航行日志和其他资料;及时向出租人提供要求的信息,以确保出租人向登记国(地区)或飞机所在地任何政府单位提交要求出租人存档的任何报告。

承租人在该协议日期后 × 天内向出租人提交经批准的真实完整的维修计划和发动机管理计划副本,若无出租人的事先书面许可,承租人不得修改经批准的维修计划或发动机管理计划,除非修改:经航空管理部门的批准,不会导致"6 年期"检查时间间隔超过 6 年、"12 年期"检查时间间隔超过 12 年、起落装置检修时间间隔超过 10 年(除非"6 年期""12 年期"和起落装置检修时间间隔由维修计划文件或机身制造商或起落装置制造商的推荐规范所规定);或法律或航空管理部门要求修改,承租人应及时向出租人提供该修改的书面副本。

一旦发生飞机或任何零件损耗、损坏或毁坏影响飞机适航性和飞机或任何零件被盗等意外事件或事故，承租人应立即通知出租人所有有关详情。

在不影响上述条款的情况下，承租人应小心谨慎使用、维修或修饰飞机，不得以损害出租人、所有人或任何相关融资方对飞机所享有的权益的方式使用、维修或修饰飞机（包括但不限于遵守类似飞机相关的紧急服务通告）。

（2）零件更换

承租人应确保及时更换所有已磨损、遗失、被盗、损坏、查封、没收、损坏无法修理或永远无法使用的零件，由此产生的成本和费用由承租人自行承担。此外，在正常维护、保养、维修、检修或测试期间，承租人可拆除任何零件，无论该零件是否已磨损、遗失、被盗、损坏、查封、没收、损坏无法修理或永远无法使用，由此产生的成本和费用由承租人自行承担，但前提是承租人应确保立即更换该零件，所有替换件无担保权益（允许的担保权益除外）。

3. 改造、改装和加装

承租人应确保按照机身制造商或发动机制造商的要求对机身或发动机进行改造、改装和加装（由经批准的维修执行人员进行），以遵守任何适用适航指令，或遵守航空管理部门或对飞机有司法管辖权的其他政府单位的要求。承租人可按照正常业务流程或允许经批准的维修执行人员对机身或发动机进行改造、改装和加装，由此产生的费用由承租人承担。但该等改造、改装和加装不得改变飞机规格或构造，不得以任何其他方式降低机身或发动机的价值、实用性或使用寿命，不得损害其状态、适航性，不得使其价值、实用性、使用寿命、状态和适航性低于其改造、改装和加装前的价值、实用性、使用寿命、状态和适航性，假设机身或发动机具备该协议条款要求维持的价值、实用性、使用寿命、状态和适航性，若无出租人的事先书面许可，承租人不得进行或允许进行任何大幅度改装。

4. 适航指令

承租人应按照租赁期间航空管理部门发布的适航指令，使用和维修飞机，以符合航空管理部门的有关规定，强制遵守日期为租赁期间。

航材包修费用条款

承租人必须保持飞机在所有方面的适航性，保持其所有设备、部件和系统均在良好的状态下。承租人必须及时将可能不时磨损、过期、丢失、被盗、毁坏、扣押、没收、损坏无法修复或因任何原因导致不适合使用的所有零件，更换为符合该协议规定的零件。

（二）融资性租赁合同

1. 机身基础价格
采购协议价格根据预期交付日的基础价格及调整进行计算。

2. 卖方采购设备
飞机基础价格不包括任何买方提供的设备或卖方购买的设备。

3. 买方采购设备
采购合同附件包含 BFE（买方提供设备）的供应商、选配日期及适用于飞机的其他要求。客户将通过以下 BFE 项目的供应商和零件号进行选择：厨房系统、座椅（乘客）、广播音频系统、座椅视频系统、其他应急设备、货物装卸系统。

4. 用户支持服务

根据客户的要求，卖方将定制一个客户支持计划以提供机组支持服务，包含以下项目：维修培训、飞行培训、维修方案辅助、备件清单建议、技术数据及文件。

5. 装饰费或改装费

未经出租人事先书面同意，承租人不得对飞机进行任何改造、改装或加装，但符合以下条件的除外：

（1）承租人已为该等改造、改装或加装取得所需的所有政府部门批准或其他应办理的批准和许可；

（2）该等改造、改装或加装不得影响飞机的适航性及当时的市场价值；

（3）该等改造、改装或加装不得减损飞机的使用范围及性能；

（4）承租人应办理与该等改造、改装或加装完成有关的一切登记、备案和其他手续；

（5）承租人应自行承担由于该等改造、改装或加装所发生的任何税收或费用；

（6）改造、改装或加装完成后的飞机仍应受该协议所有条款的约束。为避免异议，承租人为飞机满足制造商及航空管理部门发布的适航指令、服务通告或其他强制性要求决定对飞机进行改造、改装或加装，可不用事先取得出租人的书面同意，但仍应满足上述（1）至（5）项中所规定条件并遵守该协议其他相关规定。

依照本条规定对飞机进行的改造、改装、加装、维修、维护、保养、修理、定检和大修等所产生的对飞机的增值，在所有权转移日之前，均应视为出租人拥有所有权的财产，承租人仅在所有权转移日后才拥有对该等增值的所有权。

6. 付款

承租人应向出租人支付飞机价格与融资金额的差额部分按照币种转换汇率换算的等值人民币金额（以下称"初始租金"）及初始租金对应的增值税。初始租金及初始租金对应的增值税应按照下述方式支付：

（1）出租人应在交机日前 × 个营业日向承租人提供按照该日上午 11:00 中国人民银行公布的人民币兑美元汇率中间价（以下称"拟定汇率"）计算的飞机价格与融资金额的差额部分的等值人民币（以下称"拟定初始租金"）及其对应的增值税款项的付款通知，承租人应在收到该等通知后将拟定初始租金及其对应的增值税以人民币支付给出租人，并确保出租人在交机日前一个营业日当日或之前收到该等款项。

（2）出租人应在交机日之前提供币种转换汇率的书面凭证。如初始租金及其对应的增值税款项之和大于拟定初始租金及其对应的增值税款项之和，则承租人应于支付首期租金的同时一并向出租人支付该等差额部分；如初始租金及其对应的增值税款项之和小于拟定初始租金及其对应的增值税款项之和，承租人有权自首期租金中相应扣减该等差额部分。

7. 购机保险

承租人应在第一架飞机交付日之前向出租人提交一份符合要求的年度保险证书副本。

8. 飞机的留购

在指定日期承租人已支付全额款项以及所有其他款项，未产生损失的，承租人可在合同终止日期购买飞机。

9. 现金折扣

现金折扣是指机身和可选功能的价格调整，并根据经济波动调整客户在交付时应支付的金额。具体见合同附件价格条款。

10. 非现金折扣

非现金折扣是指用于购买备件、产品等航材的非现金折扣。具体见合同附件价格条款。

11. 调机费

调机费是指飞机交付后从交付地（境外）飞行至境内机场或服务区的费用。具体见合同附件价格条款。

12. 租期

租赁期应分为各个连续的租期，每 3 个月为一期，租金付款日为每年的××；若租金付款日为非营业日，则顺延到下一个营业日。

13. 起租日

起付租金时间为交付飞机后办理完飞机进口手续之时。停付租金时间为归还飞机后办理完飞机出口手续且完成注销飞机租赁登记手续之时。

14. 租金

承租人应在租赁期内按照协议《租金表》的规定向出租人支付租金。每个租期的租金包括当期应还租赁本金及利息。当中国人民银行公布的同期贷款基准利率调整时，该协议项下的租赁利率应当根据该协议约定的进行同方向、同比例调整。如遇上述调整，从相关贷款合同的利率调整日开始，租金均按调整后的利率计收。

15. 租前息

如出租人在收到通知时已根据原飞机交付通知向机身制造商支付了飞机价格，则承租人应于第一个租金支付日（或于终止日）向出租人支付该等融资金额自原飞机交付通知中明确的交机日至实际交机日、制造商向出租人全额退还融资金额之日和最晚交机日中较早一日所产生的利息，该等利息（即租前息）应按照适用利率以一年三百六十（360）日为基础按照前述实际发生的天数计算。

16. 手续费、安排费

（1）承租人应在交付日前 × 个工作日向出租人支付租赁金额 0.5% 的租赁安排费。根据该协议计算的租赁安排费金额包括任何增值税。出租人应在承租人付清租金后 × 天内，向承租人提供租赁安排费增值税专用发票。

（2）承租人应承担因谈判、准备和签署承租人文件而产生或应付的费用（包括法律、专业和自付费用）。

（3）出租人或承租人（视情况而定）应承担因该协议或其要求的任何其他文件的任何修订、弃权或同意而产生或应付的所有费用（包括法律、专业和自付费用）。

17. 代扣代缴税费

承租人应付款项中不包括税款，承租人必须根据协议内容支付全部款项，不得扣除其间缴纳的税款，如果法律规定承租人必须扣除税款部分，则承租人的应付款项应相应增加。

18. 境外维修检修费用

承租人必须保持飞机在所有方面的适航性，保持其所有设备、部件和系统均在良好的状态下，并且确保由航空管理部门根据维修计划批准的维修执行人员维护飞机和执行飞机的所有重大检修（按维修计划中规定的间隔时间）。承租人承担相关费用。

19. 航材包修费用

承租人必须保持飞机在所有方面的适航性，保持其所有设备、部件和系统均在良好的状态下。承租人必须及时将可能不时磨损、过期、丢失、被盗、毁坏、扣押、没收、损坏无法修复或因任何原因导致不适合使用的所有零件，更换为符合该协议规定的零件。承租人承担相关费用。

20. 保险费

在租赁期内，承租人应自费根据协议规定的保险要求为飞机投保。

21. 飞机全损

（1）如果飞机在交付前发生全损，出租人在该协议项下的义务将立即终止。

（2）如果飞机在交付后发生全损，承租人必须在全损日后 × 天、收到与全损相关的保险赔偿金之日和最终付款日期之前向出租人付款。

（3）在承租人不可撤销付款且出租人收到最终付款后，承租人根据该协议支付租金的义务应终止，同时租赁期终止。除非承租人已经根据飞机全损条款支付了最终应付款项，否则就飞机全损收到的所有保险收益以及从承租人处收到的任何金额，必须支付给出租人或贷款人。

如果飞机遭受的损失或损坏不构成飞机的全部损失，则承租人在该协议项下的所有义务将继续履行，承租人必须根据该协议及时对所有损坏或丢失零件进行修理或更换，费用由承租人承担。

22. 合同的解除和终止

发生租赁违约事件时，如果承租人善意行事无法或不可能在宽限期到期前补救违约行为，承租人必须以书面不可撤销的通知向出租人发出通知，出租人必须在该适用宽限期到期前收到该通知，承租人可要求在该适用宽限期到期前终止飞机租赁。在飞机租赁终止时，承租人必须在终止日期前向出租人支付违约金。

无论飞机是否根据该协议交付给承租人，承租人必须按要求向各相关方支付其因任何租赁违约而产生的所有成本和费用（包括但不限于法律费用、任何收回后的收回成本和自付费用）或强制执行或保全任何交易文件项下的任何担保权而产生的所有成本和费用（包括但不限于飞机的保险、维护、储存、重新配置、继续租赁或出售，收回、转运和再销售飞机，使飞机处于重新交付中规定的条件所需的工程或修改）。

第五节
飞机租赁贸易国家法律政策

表 2-5　飞机租赁贸易国家法律政策

法律	条款	具体内容
《中华人民共和国民用航空法》	第二十六条	民用航空器租赁合同，包括融资租赁合同和其他租赁合同，应当以书面形式订立。
	第二十七条	民用航空器的融资租赁，是指出租人按照承租人对供货方和民用航空器的选择，购得民用航空器，出租给承租人使用，由承租人定期交纳租金。
	第二十八条	融资租赁期间，出租人依法享有民用航空器所有权，承租人依法享有民用航空器的占有、使用、收益权。
	第二十九条	融资租赁期间，出租人不得干扰承租人依法占有、使用民用航空器；承租人应当适当地保管民用航空器，使之处于原交付时的状态，但是合理损耗和经出租人同意的对民用航空器的改变除外。
	第三十条	融资租赁期满，承租人应当将符合本法第二十九条规定状态的民用航空器退还出租人；但是，承租人依照合同行使购买民用航空器的权利或者为继续租赁而占有民用航空器的除外。
	第三十一条	民用航空器融资租赁中的供货方，不就同一损害同时对出租人和承租人承担责任。
	第三十二条	融资租赁期间，经出租人同意，在不损害第三人利益的情况下，承租人可以转让其对民用航空器的占有权或者租赁合同约定的其他权利。
《中华人民共和国民法典》	第七百零三条	租赁合同是出租人将租赁物交付承租人使用、收益，承租人支付租金的合同。
	第七百零四条	租赁合同的内容一般包括租赁物的名称、数量、用途、租赁期限、租金及其支付期限和方式、租赁物维修等条款。

表 2-5（续 1）

法律	条款	具体内容
《中华人民共和国民法典》	第七百零五条	租赁期限不得超过二十年。超过二十年的，超过部分无效。 租赁期限届满，当事人可以续订租赁合同；但是，约定的租赁期限自续订之日起不得超过二十年。
	第七百零六条	当事人未依照法律、行政法规规定办理租赁合同登记备案手续的，不影响合同的效力。
	第七百零七条	租赁期限六个月以上的，应当采用书面形式。当事人未采用书面形式，无法确定租赁期限的，视为不定期租赁。
	第七百零八条	出租人应当按照约定将租赁物交付承租人，并在租赁期限内保持租赁物符合约定的用途。
	第七百零九条	承租人应当按照约定的方法使用租赁物。对租赁物的使用方法没有约定或者约定不明确，依据本法第五百一十条的规定仍不能确定的，应当根据租赁物的性质使用。
	第七百一十条	承租人按照约定的方法或者根据租赁物的性质使用租赁物，致使租赁物受到损耗的，不承担赔偿责任。
	第七百一十一条	承租人未按照约定的方法或者未根据租赁物的性质使用租赁物，致使租赁物受到损失的，出租人可以解除合同并请求赔偿损失。
	第七百一十二条	出租人应当履行租赁物的维修义务，但是当事人另有约定的除外。
	第七百一十三条	承租人在租赁物需要维修时可以请求出租人在合理期限内维修。出租人未履行维修义务的，承租人可以自行维修，维修费用由出租人负担。因维修租赁物影响承租人使用的，应当相应减少租金或者延长租期。 因承租人的过错致使租赁物需要维修的，出租人不承担前款规定的维修义务。
	第七百一十四条	承租人应当妥善保管租赁物，因保管不善造成租赁物毁损、灭失的，应当承担赔偿责任。

表 2-5（续 2）

法律	条款	具体内容
《中华人民共和国民法典》	第七百一十五条	承租人经出租人同意，可以对租赁物进行改善或者增设他物。 承租人未经出租人同意，对租赁物进行改善或者增设他物的，出租人可以请求承租人恢复原状或者赔偿损失。
	第七百一十六条	承租人经出租人同意，可以将租赁物转租给第三人。承租人转租的，承租人与出租人之间的租赁合同继续有效；第三人造成租赁物损失的，承租人应当赔偿损失。 承租人未经出租人同意转租的，出租人可以解除合同。
	第七百一十七条	承租人经出租人同意将租赁物转租给第三人，转租期限超过承租人剩余租赁期限的，超过部分的约定对出租人不具有法律约束力，但是出租人与承租人另有约定的除外。
	第七百一十八条	出租人知道或者应当知道承租人转租，但是在六个月内未提出异议的，视为出租人同意转租。
	第七百一十九条	承租人拖欠租金的，次承租人可以代承租人支付其欠付的租金和违约金，但是转租合同对出租人不具有法律约束力的除外。 次承租人代为支付的租金和违约金，可以充抵次承租人应当向承租人支付的租金；超出其应付的租金数额的，可以向承租人追偿。
	第七百二十条	在租赁期限内因占有、使用租赁物获得的收益，归承租人所有，但是当事人另有约定的除外。
	第七百二十一条	承租人应当按照约定的期限支付租金。对支付租金的期限没有约定或者约定不明确，依据本法第五百一十条的规定仍不能确定，租赁期限不满一年的，应当在租赁期限届满时支付；租赁期限一年以上的，应当在每届满一年时支付，剩余期限不满一年的，应当在租赁期限届满时支付。

表 2-5（续 3）

法律	条款	具体内容
《中华人民共和国民法典》	第七百二十二条	承租人无正当理由未支付或者迟延支付租金的，出租人可以请求承租人在合理期限内支付；承租人逾期不支付的，出租人可以解除合同。
	第七百二十三条	因第三人主张权利，致使承租人不能对租赁物使用、收益的，承租人可以请求减少租金或者不支付租金。第三人主张权利的，承租人应当及时通知出租人。
	第七百二十四条	有下列情形之一，非因承租人原因致使租赁物无法使用的，承租人可以解除合同： （一）租赁物被司法机关或者行政机关依法查封、扣押； （二）租赁物权属有争议； （三）租赁物具有违反法律、行政法规关于使用条件的强制性规定情形。
	第七百二十五条	租赁物在承租人按照租赁合同占有期限内发生所有权变动的，不影响租赁合同的效力。
	第七百二十六条	出租人出卖租赁房屋的，应当在出卖之前的合理期限内通知承租人，承租人享有以同等条件优先购买的权利；但是，房屋按份共有人行使优先购买权或者出租人将房屋出卖给近亲属的除外。 出租人履行通知义务后，承租人在十五日内未明确表示购买的，视为承租人放弃优先购买权。
	第七百二十七条	出租人委托拍卖人拍卖租赁房屋的，应当在拍卖五日前通知承租人。承租人未参加拍卖的，视为放弃优先购买权。
	第七百二十八条	出租人未通知承租人或者有其他妨害承租人行使优先购买权情形的，承租人可以请求出租人承担赔偿责任。但是，出租人与第三人订立的房屋买卖合同的效力不受影响。

表 2-5（续 4）

法律	条款	具体内容
《中华人民共和国民法典》	第七百二十九条	因不可归责于承租人的事由，致使租赁物部分或者全部毁损、灭失的，承租人可以请求减少租金或者不支付租金；因租赁物部分或者全部毁损、灭失，致使不能实现合同目的的，承租人可以解除合同。
	第七百三十条	当事人对租赁期限没有约定或者约定不明确，依据本法第五百一十条的规定仍不能确定的，视为不定期租赁；当事人可以随时解除合同，但是应当在合理期限之前通知对方。
	第七百三十一条	租赁物危及承租人的安全或者健康的，即使承租人订立合同时明知该租赁物质量不合格，承租人仍然可以随时解除合同。
	第七百三十二条	承租人在房屋租赁期限内死亡的，与其生前共同居住的人或者共同经营人可以按照原租赁合同租赁该房屋。
	第七百三十三条	租赁期限届满，承租人应当返还租赁物。返还的租赁物应当符合按照约定或者根据租赁物的性质使用后的状态。
	第七百三十四条	租赁期限届满，承租人继续使用租赁物，出租人没有提出异议的，原租赁合同继续有效，但是租赁期限为不定期。 租赁期限届满，房屋承租人享有以同等条件优先承租的权利。
	第七百三十五条	融资租赁合同是出租人根据承租人对出卖人、租赁物的选择，向出卖人购买租赁物，提供给承租人使用，承租人支付租金的合同。
	第七百三十六条	融资租赁合同的内容一般包括租赁物的名称、数量、规格、技术性能、检验方法，租赁期限，租金构成及其支付期限和方式、币种，租赁期限届满租赁物的归属等条款。 融资租赁合同应当采用书面形式。
	第七百三十七条	当事人以虚构租赁物方式订立的融资租赁合同无效。

表 2-5（续 5）

法律	条款	具体内容
《中华人民共和国民法典》	第七百三十八条	依照法律、行政法规的规定，对于租赁物的经营使用应当取得行政许可的，出租人未取得行政许可不影响融资租赁合同的效力。
	第七百三十九条	出租人根据承租人对出卖人、租赁物的选择订立的买卖合同，出卖人应当按照约定向承租人交付标的物，承租人享有与受领标的物有关的买受人的权利。
	第七百四十条	出卖人违反向承租人交付标的物的义务，有下列情形之一的，承租人可以拒绝受领出卖人向其交付的标的物： （一）标的物严重不符合约定； （二）未按照约定交付标的物，经承租人或者出租人催告后在合理期限内仍未交付。 承租人拒绝受领标的物的，应当及时通知出租人。
	第七百四十一条	出租人、出卖人、承租人可以约定，出卖人不履行买卖合同义务的，由承租人行使索赔的权利。承租人行使索赔权利的，出租人应当协助。
	第七百四十二条	承租人对出卖人行使索赔权利，不影响其履行支付租金的义务。但是，承租人依赖出租人的技能确定租赁物或者出租人干预选择租赁物的，承租人可以请求减免相应租金。
	第七百四十三条	出租人有下列情形之一，致使承租人对出卖人行使索赔权利失败的，承租人有权请求出租人承担相应的责任： （一）明知租赁物有质量瑕疵而不告知承租人； （二）承租人行使索赔权利时，未及时提供必要协助。 出租人怠于行使只能由其对出卖人行使的索赔权利，造成承租人损失的，承租人有权请求出租人承担赔偿责任。

表 2-5（续 6）

法律	条款	具体内容
《中华人民共和国民法典》	第七百四十四条	出租人根据承租人对出卖人、租赁物的选择订立的买卖合同，未经承租人同意，出租人不得变更与承租人有关的合同内容。
	第七百四十五条	出租人对租赁物享有的所有权，未经登记，不得对抗善意第三人。
	第七百四十六条	融资租赁合同的租金，除当事人另有约定外，应当根据购买租赁物的大部分或者全部成本以及出租人的合理利润确定。
	第七百四十七条	租赁物不符合约定或者不符合使用目的的，出租人不承担责任。但是，承租人依赖出租人的技能确定租赁物或者出租人干预选择租赁物的除外。
	第七百四十八条	出租人应当保证承租人对租赁物的占有和使用。出租人有下列情形之一的，承租人有权请求其赔偿损失： （一）无正当理由收回租赁物； （二）无正当理由妨碍、干扰承租人对租赁物的占有和使用； （三）因出租人的原因致使第三人对租赁物主张权利； （四）不当影响承租人对租赁物占有和使用的其他情形。
	第七百四十九条	承租人占有租赁物期间，租赁物造成第三人人身损害或者财产损失的，出租人不承担责任。
	第七百五十条	承租人应当妥善保管、使用租赁物。 承租人应当履行占有租赁物期间的维修义务。
	第七百五十一条	承租人占有租赁物期间，租赁物毁损、灭失的，出租人有权请求承租人继续支付租金，但是法律另有规定或者当事人另有约定的除外。

表 2-5（续 7）

法律	条款	具体内容
《中华人民共和国民法典》	第七百五十二条	承租人应当按照约定支付租金。承租人经催告后在合理期限内仍不支付租金的，出租人可以请求支付全部租金；也可以解除合同，收回租赁物。
	第七百五十三条	承租人未经出租人同意，将租赁物转让、抵押、质押、投资入股或者以其他方式处分的，出租人可以解除融资租赁合同。
	第七百五十四条	有下列情形之一的，出租人或者承租人可以解除融资租赁合同： （一）出租人与出卖人订立的买卖合同解除、被确认无效或者被撤销，且未能重新订立买卖合同； （二）租赁物因不可归责于当事人的原因毁损、灭失，且不能修复或者确定替代物； （三）因出卖人的原因致使融资租赁合同的目的不能实现。
	第七百五十五条	融资租赁合同因买卖合同解除、被确认无效或者被撤销而解除，出卖人、租赁物系由承租人选择的，出租人有权请求承租人赔偿相应损失；但是，因出租人原因致使买卖合同解除、被确认无效或者被撤销的除外。出租人的损失已经在买卖合同解除、被确认无效或者被撤销时获得赔偿的，承租人不再承担相应的赔偿责任。
	第七百五十六条	融资租赁合同因租赁物交付承租人后意外毁损、灭失等不可归责于当事人的原因解除的，出租人可以请求承租人按照租赁物折旧情况给予补偿。
	第七百五十七条	出租人和承租人可以约定租赁期限届满租赁物的归属；对租赁物的归属没有约定或者约定不明确，依据本法第五百一十条的规定仍不能确定的，租赁物的所有权归出租人。

表 2-5（续 8）

法律	条款	具体内容
《中华人民共和国民法典》	第七百五十八条	当事人约定租赁期限届满租赁物归承租人所有，承租人已经支付大部分租金，但是无力支付剩余租金，出租人因此解除合同收回租赁物，收回的租赁物的价值超过承租人欠付的租金以及其他费用的，承租人可以请求相应返还。 当事人约定租赁期限届满租赁物归出租人所有，因租赁物毁损、灭失或者附合、混合于他物致使承租人不能返还的，出租人有权请求承租人给予合理补偿。
	第七百五十九条	当事人约定租赁期限届满，承租人仅需向出租人支付象征性价款的，视为约定的租金义务履行完毕后租赁物的所有权归承租人。
	第七百六十条	融资租赁合同无效，当事人就该情形下租赁物的归属有约定的，按照其约定；没有约定或者约定不明确的，租赁物应当返还出租人。但是，因承租人原因致使合同无效，出租人不请求返还或者返还后会显著降低租赁物效用的，租赁物的所有权归承租人，由承租人给予出租人合理补偿。

CHAPTER 3

第三章

海工装备租赁贸易

第一节
海工装备租赁贸易概述

海工装备是开发、利用和保护海洋所使用的各类装备的总称，是海洋经济发展的前提和基础。

海工装备制造是装备制造产业中技术密集度最高的产业之一，也是未来衡量一个国家综合竞争实力的重要标志之一。

作为一种前沿的商业模式，海工装备融资性租赁通过将船企、融资机构、装备运营商三者紧密结合起来，不仅可以带动船舶工业、海工装备制造业以及高端制造业发展，还为我国蓝色海洋经济发展注入新动力。

随着我国海洋强国建设步伐的加快，海工装备业的发展也日新月异，越来越多的金融机构开始进军海工装备制造领域。

海工装备制造业需投入的技术及资本巨大，一方面企业需要大量的资金购置设备，另一方面又要承担因技术研发而导致设备无形损耗的风险，而融资性租赁可有效解决海工装备制造业融资难的困境，成为海工装备制造业更新设备的主要融资手段之一。

融资性租赁是设备融资模式、设备销售模式、投资方式的创新。在高端装备制造业中融资性租赁的运用相比传统的融资模式拥有很多的优势。

第一，利用融资性租赁可以改善海工装备制造企业的财务状况。在不占用过多资金的前提下，融资性租赁可提高企业资产的流动性，使企业的资产负债结构更为合理。

第二，海工装备制造企业通过融资性租赁方式购入设备可起到节税的作用。

第三，利用融资性租赁可以提升海工装备制造企业的市场竞争力及产品的销售。海工装备制造企业可通过融资性租赁的销售模式（厂商租赁）提高产品市场占有率，且有利于企业应收账款的收回。

第四，利用融资性租赁模式有助于盘活海工装备制造企业闲置资产。由于海工装备制造企业需不断地研发新技术、新产品，设备更新换代较快，故可利用融资性租赁方式将闲置设备转移到技术欠发达区域的制造企业，有效利用闲置设备，提高资产利用效率。

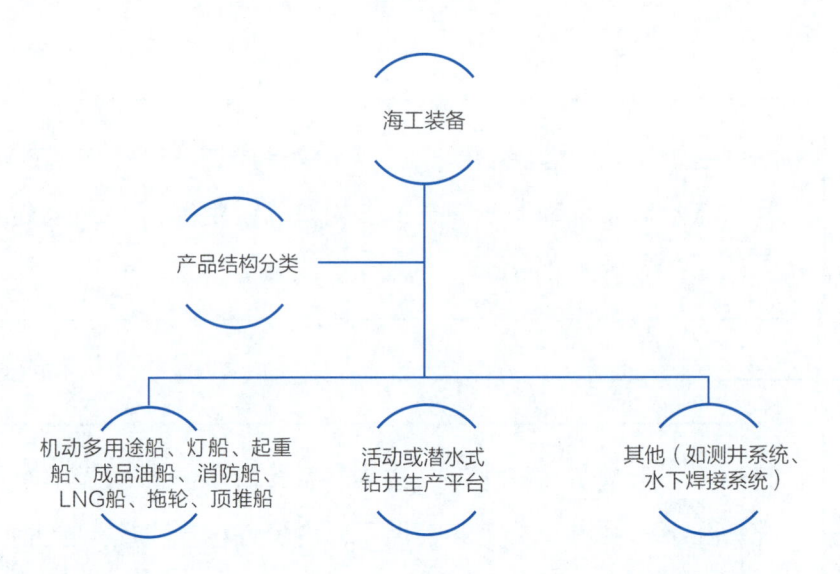

```
                    海工装备
                      |
          产品结构分类 ─┤
                      |
    ┌─────────────────┼─────────────────┐
机动多用途船、灯船、起重    活动或潜水式         其他（如测井系统、
船、成品油船、消防船、      钻井生产平台          水下焊接系统）
LNG船、拖轮、顶推船
```

2019年，全球海工装备总计成交57艘/座，金额合计78.8亿美元。2020年，全球海工装备市场成交金额约为69亿美元。2021年，全球海工装备成交总金额突破100亿美元，海工装备市场较2020年回暖。（见图3-1）

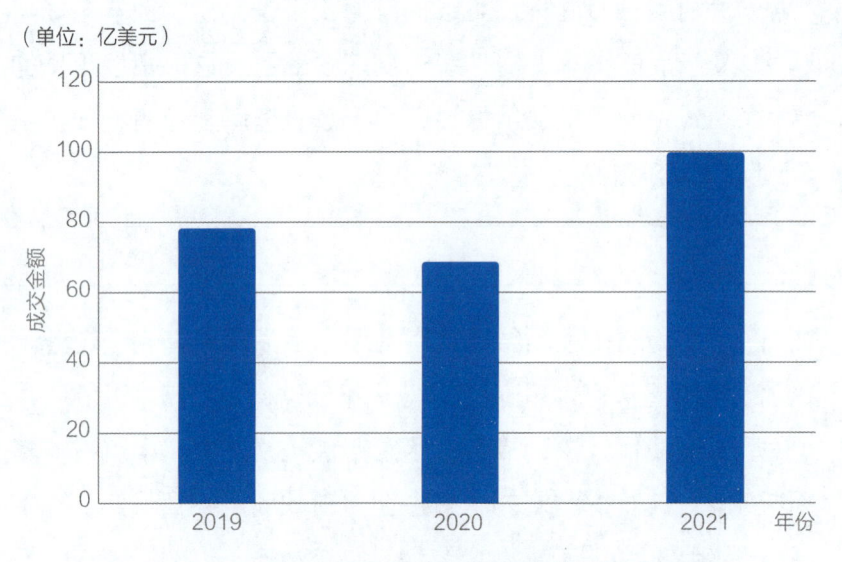

图 3-1 2021年全球海工装备订单总额情况

（数据来源：前瞻产业研究院）

第三章 海工装备租赁贸易

融资支持海工装备产业的特殊意义和切入点

- 平抑传统造船业行业周期性影响,提高我国船企国际竞争力。

  海工装备与以散货船、集装箱船、油船为主的运输船舶是两个完全不同的产业,在理念设计、生产过程、供需关系、配套服务等方面均具有不同的要素。海工装备的发展源于人类对石油的依赖,石油需求和油价是最根本的推动力,从全球主要产油国家对海洋油气尤其是深海油气资源的开发力度可以推断出海工装备在未来很长一段时间将具有广阔的市场,这与运输船舶产业和航运市场随经济周期而大幅波动的情况有所不同。因此,融资支持我国海工装备产业发展,一定程度上可以对冲掉传统造船业的周期性波动,提高船企抵御经济周期风险的能力。

- 推动海洋油气勘探开发,缓解我国能源压力。

  目前我国海洋油气勘探主要集中于渤海、黄海、东海及南海北部大陆架。其中,仅南海的石油地质储量就达 230 亿至 300 亿吨,南海有"第二个波斯湾"之称。[1]因此融资支持海工装备产业发展,助推海洋油气资源勘探开发,对降低我国原油对外依存度,保障国家能源安全大有裨益。此外,大力提高海工装备制造水平,对维护我国领海主权,保护海洋权益具有重要意义。

---

[1] 陈嘉楠. 海洋中有哪些矿产资源?[EB/OL].(2023-01-02)[2024-03-07]. http://aoc.ouc.edu.cn/2023/0306/c15171a425147/page.htm.

一、船舶行业基本概况

> 船舶业和航运业对国民经济的发展和拉动作用巨大，但其发展需要巨大的资金支持，在中国跻身全球三大造船国的同时，中国的船舶租赁市场规模也在日趋扩大。

> 船舶租赁业是现代服务业中的朝阳产业，具有经济带动巨大、创税能力强、产业结构提升效果明显、关联产业拉动力度大等优势。

> 境内金融租赁公司把船舶租赁作为主打产品，未来待开发市场巨大。

中国多数船舶都由航运企业通过贷款或者自有资金购买，但这种传统的融资方式：
- 一方面，占用大量现金而导致企业现金流吃紧；
- 另一方面，银行贷款也会记入企业负债表。

为了应对流动性风险，航运企业也在不断探索新的融资方式，船舶融资性租赁就是在这样的背景下日渐受到青睐的。

近年来我国船舶租赁业发展形势良好，尤其是在金融租赁领域，天津和上海成为我国金融租赁机构集聚的重要中心。

当前，全球贸易产业链加速重构，航运市场复苏趋势明显，新兴航运周期已经悄然浮现。

港口与航运的新一轮技术与产业变革也在向智能化、绿色化方向演进。

打造安全稳定、智能高效、绿色低碳的高质量港航物流体系，是行业所需，更是企业所需。

从中国船舶租赁存量租赁船舶数来看，2020年至2022年上半年中国船舶租赁存量租赁船舶数以及运力呈逐步上升的发展趋势，截至2022年上半年末，中国船舶租赁存量租赁船舶数为2461艘，运力为126.9百万吨。截至2022年9月底，中国船舶租赁存量租赁船舶数小幅下降，下降至2416艘；但运力却小幅上升，上升至127百万吨，全球占比为8.3%。（见图3-2）

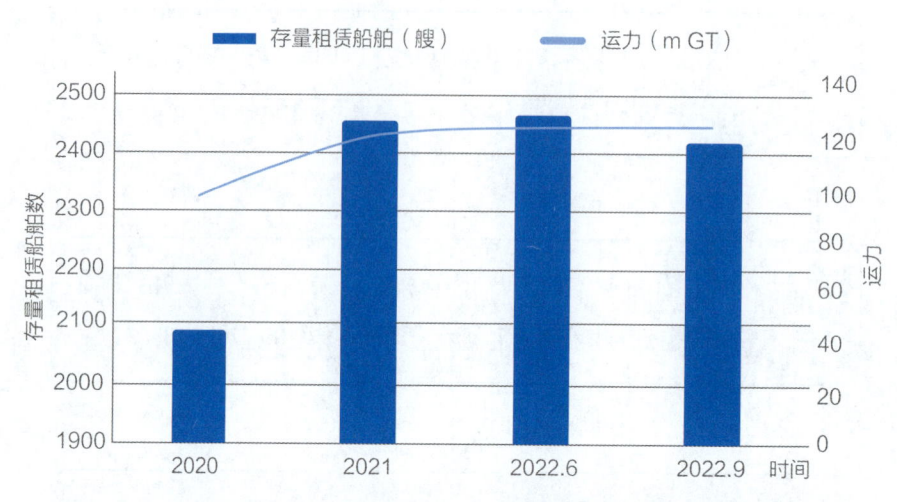

图 3-2　2020—2022 年中国船舶租赁存量租赁船舶数及运力

（数据来源：克拉克森研究公司，由前瞻产业研究院整理）

> 截至 2023 年 4 月，天津东疆综合保税区累计交付船舶突破 500 艘，船舶海工租赁资产 1883 亿元，形成聚集效应，在全国同类业务中占比超 90%，一个服务"中国造"船舶海工设备全生命周期的租赁链条，率先在这片创新沃土上"破茧成蝶"。

> 根据天津东疆综合保税区管委会数据，连续 8 年的船舶租赁和海工平台业务数据连起来均是强劲的上扬线：从 2016 年到 2023 年，天津东疆的船舶租赁业务量从 104 艘增至 522 艘，海工平台业务量从 11 座更新为 71 座。2022 年，中资金融船东在全球配置船舶租赁资产有一半以上布局在天津东疆，这里还是境内海工资产租赁和处置领域的主阵地。

二、钻井平台行业基本概况

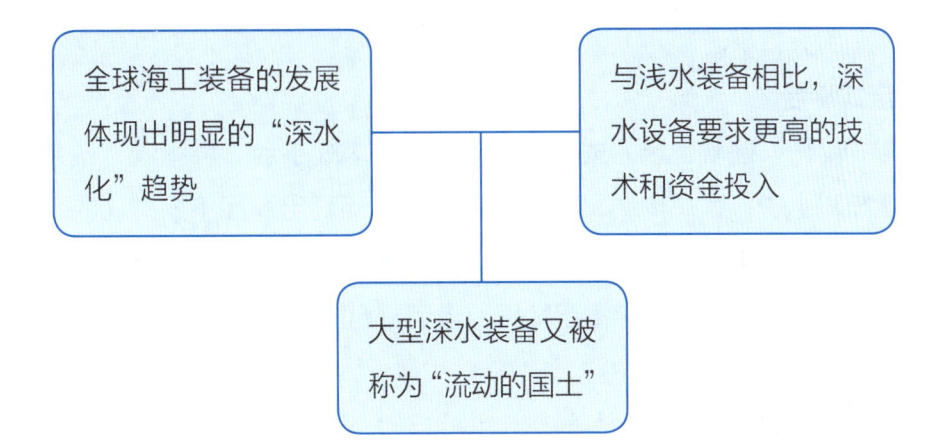

- 全球海工装备的发展体现出明显的"深水化"趋势
- 与浅水装备相比,深水设备要求更高的技术和资金投入
- 大型深水装备又被称为"流动的国土"

在深海海工装备中,钻井平台是最重要也是最具技术含量的装置,是当前各海工大国主要竞争领域之一。

钻井平台上装有钻井、动力、通信、导航等设备,是海上石油勘探开发最核心的装置。

(一)钻井平台分类

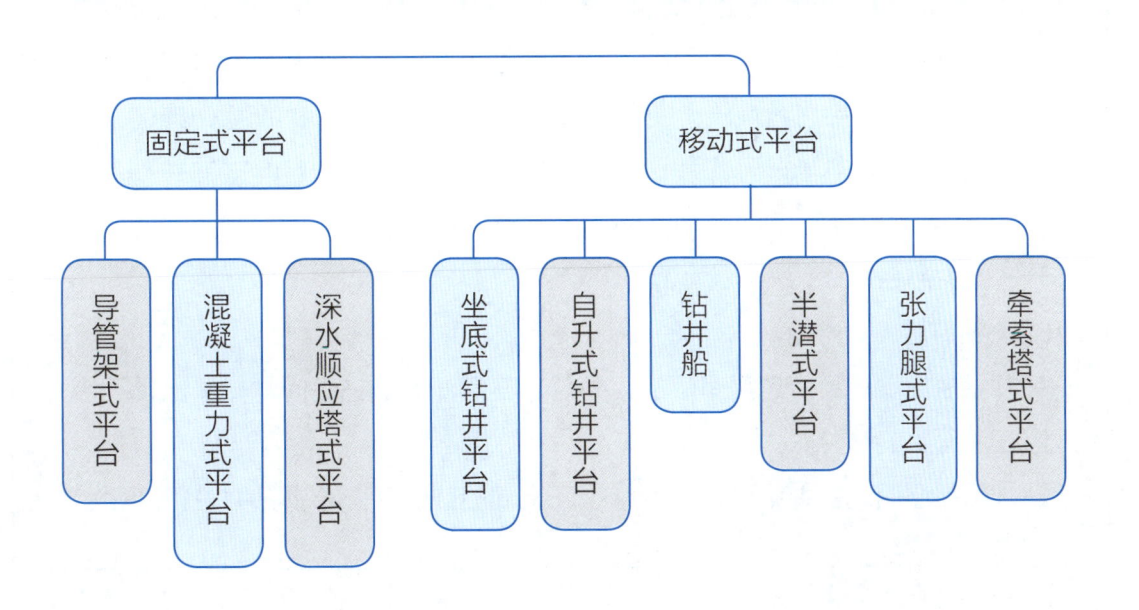

- 固定式平台
  - 导管架式平台
  - 混凝土重力式平台
  - 深水顺应塔式平台
- 移动式平台
  - 坐底式钻井平台
  - 自升式钻井平台
  - 钻井船
  - 半潜式平台
  - 张力腿式平台
  - 牵索塔式平台

1. 固定式平台

导管架式平台、混凝土重力式平台、深水顺应塔式平台 3 种固定式钻井平台大都建在浅水中，都是借助导管架固定在海底而高出海面不再移动的装置，平台上面铺设甲板用于放置钻井设备。支撑固定平台的桩腿是直接打入海底的，所以固定式钻井平台的稳定性好，但因平台不能移动，故成本较高。

2. 移动式平台

（1）坐底式钻井平台

又叫钻驳或插桩钻驳，适用于河流和海湾等 30 米以下的浅水域。坐底式钻井平台有两个船体，上船体又叫工作甲板，安置生活舱室和设备，通过尾郡开口借助悬臂结构钻井；下船体是沉垫，其主要功能是压载以及海底支撑，用作钻井的基础。两个船体间由支撑结构相连。这种钻井装置在到达作业地点后往沉垫内注水，使其着底。从稳定性和结构方面看，不但作业水深有限，而且也受到海底基础（平坦及坚实程度）的制约，所以这种平台发展缓慢。

（2）自升式钻井平台

自升式钻井平台由平台、桩腿和升降机构组成，平台能沿桩腿升降，一般无自航能力。工作时桩腿下放插入海底，平台被抬起到离开海面的安全工作高度，并对桩腿进行预压，以保证平台遇到风暴时桩腿不致下陷。完井后平台降到海面，拔出桩腿并全部提起，整个平台浮于海面，用拖轮拖到新的井位。这种平台对水深适应性强，工作稳定性良好，发展较快。我国自行制造的自升式钻井平台"渤海一号"平台的四根桩腿是用圆形的钢管做成的，桩腿的高度有 70 多米，升降装置是插销式液压控制机构。自升式钻井平台造价较低、运移性好、对海底地形的适应性强，因此，我国海上钻井多使用自升式钻井平台。

（3）钻井船

钻井平台桩腿的高度总是有限的，为解决在深海区的钻井问题，又出现了漂浮在海面上的钻井船。

钻井船是浮船式钻井平台，它通常是在机动船或驳船上布置钻井设备。平台是靠锚泊或动力定位系统定位。按其推进能力分，有自航式、非自航式；按船型分，有端部钻井、舷侧钻井、船中钻井和双体船钻井；按定位分，有一般锚泊式、中央转盘锚泊式和动力定位式。浮船式钻井装置船身浮于海面，易受波浪影响，但是它可以用现有的船只进行改装，因而能以最快的速度投入使用。钻井船的排水量从几千吨到几万吨不等，它既有普通船舶的船型和自航能力，又可漂浮在海面上进行石油钻井。由于钻井船经常处于漂浮状态，当遇到海上的风、浪、潮时，必然会发生倾斜、摇摆、平移和升降现象，因此钻井船的稳定性是一个非常关键的问题。海上钻井船定位常用的是抛锚法，但该方法一般只适用于 200 米以内的水深，水更深时需用一种新的自动化定位方法。

（4）半潜式钻井平台

半潜式钻井平台由坐底式平台发展而来，上部为工作甲板，下部为两个下船体，用支撑立柱连接。工作时下船体潜入水中，甲板处于水上安全高度，水线面积小，波浪影响小，稳定性好、自持力强、工作水深大，新发展的动力定位技术用于半潜式钻井平台后，工作水深可达 900～1200 米。与自升式钻井平台相比，半潜式钻井平台的优点是工作水深大、移动灵活；缺点是投资大、维持费用高，需有一套复杂的水下器具，有效使用率低于自升式钻井平台。

（5）张力腿式钻井平台

张力腿式钻井平台是利用绷紧状态下的锚索产生的拉力与平台的剩余浮力相平衡的钻井平台。张力腿式钻井平台也是采用锚泊定位的，但与一般半潜式钻井平台不同，其所用锚索绷紧成直线，不是悬垂曲线，钢索的下端与水底不是相切的，而是几乎垂直的；用的是桩锚（即打入水底的桩为锚）或重力式锚（重块）等，不是一般容易起放的抓锚。张力腿式钻井平台的重力小于浮力，所相差的力量可依靠锚索向下的拉力来补偿，而且此拉力应大于由波浪产生的力，使锚索上经常有向下的拉力，起着绷紧平台的作用。作用于张力腿式钻井平台上的各种力并不是稳定不变的，在重力方面会因载荷与压载水的改变而变化，在浮力方面会因波浪峰谷的变化而增减，在扰动力方面会因风浪的扰动在垂向与水平方向产生周期变化,所以张力腿的设计,必须周密考虑不同的载荷与海况。这种平台在波浪中的运动响应较小,造价也可能低些,不过安全性差些。

(6)牵索塔式钻井平台

牵索塔式钻井平台得名于它支撑平台的结构如一桁架式的塔,该塔用对称布置的缆索将塔保持正浮状态。在平台上可进行通常的钻井与生产作业。原油一般是通过管线运输,在深水中可用近海装油设施进行输送。牵索塔式平台比导管架式平台、重力式平台更适合于深水海域作业,应用范围在200~650米。

(二)中国钻井平台租约情况

中商情报网数据显示,2022年中国钻井平台新租约数量为379份,租约总时长为5239个月;2023年中国钻井平台新租约预计达到418份,租约总时长预计达5815个月。(见图3-3)

图 3-3　2016—2023 年中国钻井平台新租约变化图

三、水下焊接技术基本概况

随着国民经济的高速发展、能源战略的迫切需求，海洋工程不断地向深海推进，水下焊接作为海洋工程领域的重要技术，正受到越来越多的关注。

从海上油气平台的安装建造到海底管线的铺设维修，从海上打捞营救工作到大型船舰的应急修理，随处可见水下焊接的身影。

（一）常用水下焊接的分类及特点

1. 湿法焊接

湿法焊接是指在焊接过程中把工件直接置于水中，水与焊件之间没有任何隔离措施，焊接的熔滴过渡和焊缝的结晶直接在水中完成，电弧仅仅依靠焊材在燃烧过程中产生的气体及水汽化产生的气泡进行保护。湿法焊接的优点是设备简单、成本低廉、操作灵活、适应性强；缺点是焊接质量较差，难以得到较好的焊接接头，一般用于一些非关键性的构件，目前应用深度不超过 100 米。

2. 干法焊接

干法焊接是指把包括焊接部位的较大范围内的水排开，使操作者能在干的气相环境进行焊接的方法，即操作者在水下一个大型干式气室中焊接。这种方法多用于深水，需要预热或焊后热处理的材料且结构较重要，或质量要求很高的结构的焊接。

根据水下气室中压力的不同，干法焊接又可分为高压干法焊接及常压干法焊接。

（1）高压干法焊接

高压干法焊接是指焊接过程中，在气室底部通入气压稍大于工作水深压力的气体，把气室内的水从底部开口排除，焊接是在干的气室中进行的。一般采用焊条电弧焊或惰性气体保护电弧焊等方法进行，是当前水下焊接方法中焊接质量最好的方法之一，基本上可达到陆上焊缝的水平，目前最大应用水深为 300 米。高压干法焊接能消除水对焊接过程的影响，但装备复杂，施工费用较高，对水深压力的影响无法完全排除，且适用的接头形式有限，一般用于管线接头的焊接。

（2）常压干法焊接

常压干法焊接是指在深水下，操作者仍然在与陆地环境相当的气相环境中焊接，这种方法排除了水深的影响。常压干法焊接的最大优点是可以有效地消除水对焊接质量的影响，焊接条件几乎和陆地一样，焊接质量达到最好，但焊接设备复杂，提供保障的人员更多、施工的费用更高，比高压干焊法更复杂，且焊接接头的形式也有局限性，一般只能用于管线接头的焊接。

3. 局部干法水下焊接

局部干法水下焊接技术是利用气体使焊接局部区域的水排开，形成局部干的气室进行焊接。该法既具有湿法焊接简单灵活的优点，又能像干法焊接那样获得优质的焊缝，它有效降低了水对焊缝的影响，从而提高了焊缝的质量，是一种比较先进的水下焊接方法。小型局部干法设备简单并易于进行自动及半自动焊接，是当前水下焊接研究的重点。局部干法焊接种类较多，较典型的有日本的水帘式及钢刷式焊接法，美国和英国的干点式及气罩式焊接法，此外还有法国的旋罩式焊接法。

4. 可移动气室式水下焊接

可移动气室式水下焊接有一个可以移动的一段开口的气室，通入的气体既是排水气体又是保护气体，用气体将气室内的水排出，气室内呈气相，电弧在其中燃烧。焊接时，将气室开口端与被焊部位接触，在开口端装有半透密封垫与焊枪柔性密封，焊枪从侧面伸入气室，排水气体将水排出后，便可借助气室中的照明灯看清坡口位置，而后引弧焊接，焊一段移动一段气室，直至焊完整条焊缝。该法可进行全位置焊接。该法的优点是气室内的气相区较稳定，电弧较稳定，焊接质量较好，接头强度不低于母材，面弯和背弯均为180度，焊缝无加渣、气孔、咬肉等缺陷，焊接区硬度也较低。但这种水下焊接法也存在一些不足之处：不能很好地降低焊接烟雾的影响，气室与潜水面罩之间仍有一层水，在清水中对可见度影响不大，但在浑水中可见度问题仍未解决，焊枪与气室是柔性连接，焊一段停一段，移动一次气室，焊缝不连续，焊道接头易产生缺陷。

（二）水下焊接设备

1. 水下焊接机器人

水下焊接机器人作为一种专用的水下自动化焊接智能设备，不仅可以代替潜水焊工在危险水域进行焊接，保证人员生命安全，还能提高工作效率、保持焊接过程的稳定性（其控制系统硬件结构见图3-4）。近年来，随着特定用途机器人的迅猛发展，水下焊接机器人被认为是未来水下焊接自动化的发展方向。目前，对水下焊接机器人的研究主要集中在结构密封、移动方式、远程通信及遥控和力觉、触觉传感系统的设计上。

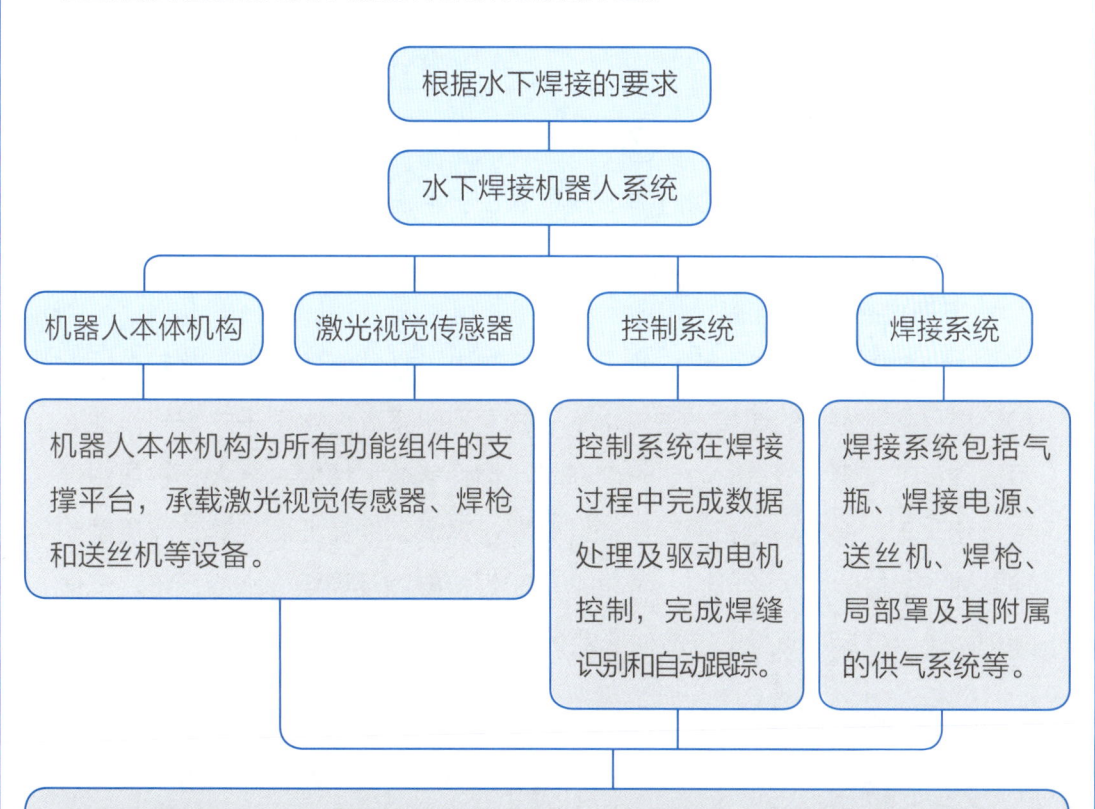

```
根据水下焊接的要求
        ↓
   水下焊接机器人系统
        ↓
┌───────┬──────────┬────────┬────────┐
机器人   激光视觉    控制系统   焊接系统
本体机构  传感器
```

- 机器人本体机构为所有功能组件的支撑平台，承载激光视觉传感器、焊枪和送丝机等设备。
- 控制系统在焊接过程中完成数据处理及驱动电机控制，完成焊缝识别和自动跟踪。
- 焊接系统包括气瓶、焊接电源、送丝机、焊枪、局部罩及其附属的供气系统等。

抵达工作位置，机器人水下运动机构采用气体动密封形式，即高压气体输入机器人内部进行密封，同时高压气体还在焊接局部罩内形成局部无水焊接作业区，实现水下局部干法焊接。

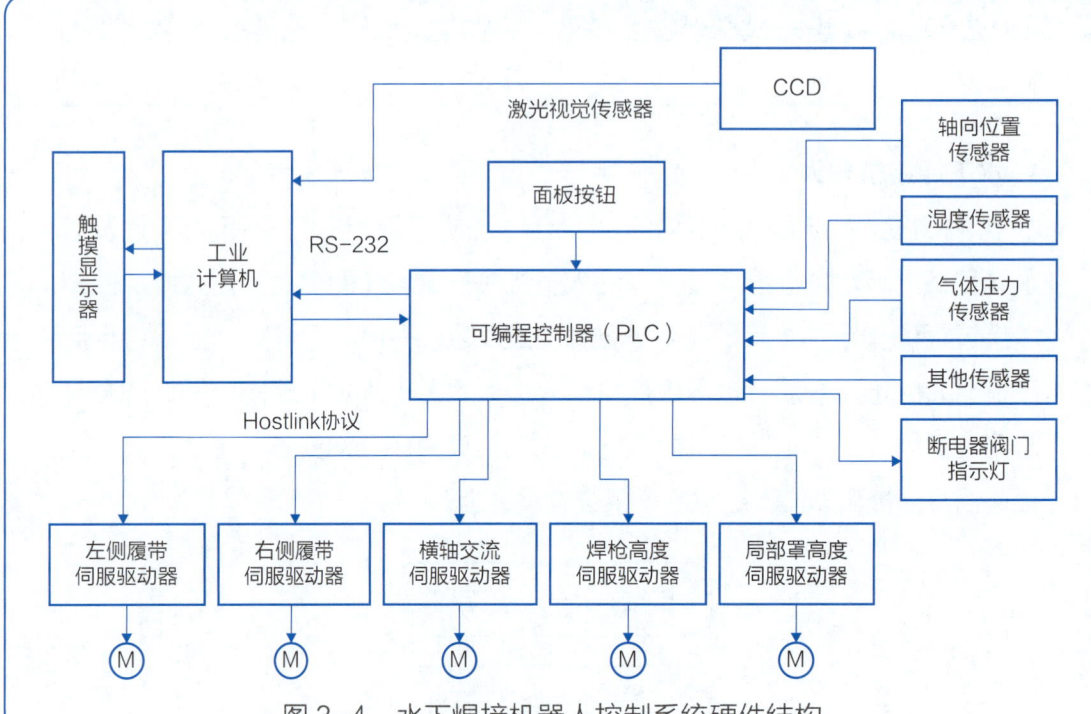

图 3-4　水下焊接机器人控制系统硬件结构

2. 水下干式高压舱系统

深水中许多重要结构件的焊接需要获得质量高、性能好的焊缝，高压干法焊接仍是目前最主要的焊接方法。水下干式高压舱系统为水下干式维修作业人员提供了工作平台，其核心是一套 TIG（惰性气体）焊接机器人，主要由焊接行走小车、钨极高度和横向自动调节器、钨极二维精细调准器、焊接摆动控制器、遥控盒、送丝机构、导轨、TIG 焊接电源及焊炬、水冷系统、气体保护系统、弧长控制器、角度检测器、焊接监视系统和控制箱等部分构成。

第二节
海工装备租赁贸易业态

一、船舶租赁贸易业态

（一）船舶租赁程序

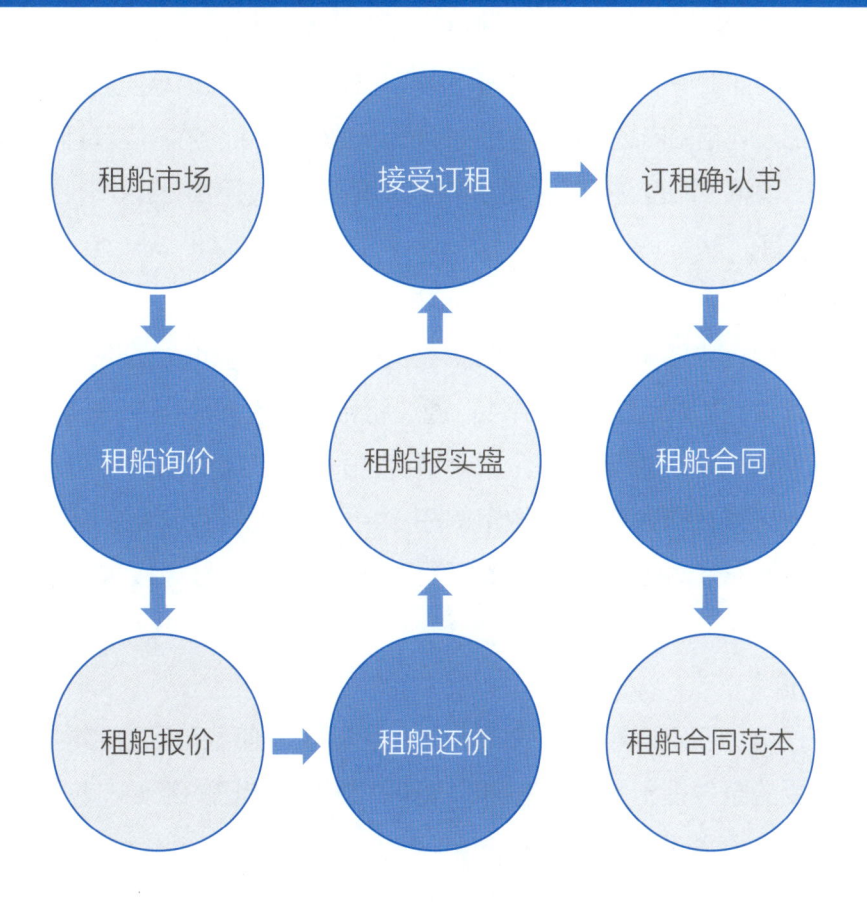

租船市场 → 租船询价 → 租船报价 → 租船还价 → 租船报实盘 → 接受订租 → 订租确认书 → 租船合同 → 租船合同范本

> **1. 租船市场**
>
> 租船是通过租船市场进行的。在租船市场上，船舶所有人是船舶的供给方，而承租人则是船舶的需求方。在当今通信技术十分发达的时代，双方当事人从事的租船业务，绝大多数是通过电话、电传、电报或传真等现代通信手段

洽谈的。

2. 租船询价

询价又称询盘，通常是指承租人根据自己对货物运输的需要或对船舶的特殊要求，通过租船经纪人在租船市场上要求租用船舶。询价主要以电报或电传等书面形式提出。承租人所期望条件的内容一般应包括：需要承运的货物种类、数量，装货港和卸货港，装运期限，租船方式，期望的运价（租金）水平，以及所需用船舶的详细说明等内容。询价也可以由船舶所有人为承揽货载而首先通过租船经纪人向租船市场发出。由船舶所有人发出的询价内容应包括：出租船舶的船名、国籍、船型，船舶的散装和包装容积，可供租用的时间，希望承揽的货物种类等。

3. 租船报价

报价又称发盘，当船舶所有人从船舶经纪人那里得到承租人的询价后，经过成本估算或者比较其他的询价条件，通过租船经纪人向承租人提出自己所能提供的船舶情况和运费率或租金率。"硬性报价"是报价条件不可改变的报价。询价人必须在有效期内对报价人的报价做出是否接受订租的答复，超过有效期，这一报价即告失效。与此相反，"条件报价"是可以改变报价条件的报价。

4. 租船还价

还价又称还盘。在条件报价的情况下，承租人与船舶所有人之间对报价条件中不能接受的条件提出修改或增删的意见，或提出自己的条件，称为还价。还价意味着询价人对报价人报价的拒绝和新的报价开始。因此，船东对租船人的还价可能全部接受，也可能接受部分还价，对不同意部分提出再还价或新报价。这种对还价条件做出答复或再次做出新的报价称为反还价或反还盘。

5. 租船报实盘

在一笔租船交易中，经过多次还价与反还价，如果双方对租船合同条款的意见一致，一方可以以报实盘的方式要求对方做出是否成交的决定。报实盘时，要列举租船合同中的必要条款，将双方已经同意的条款和尚未最后确定的条件在实盘中加以确定。同时，还要在实盘中规定有效期限，要求对方答复是否接受实盘，并在规定的有效期限内做出答复。若在有效期限内未做出答复，所报实盘即告失效。同样，在有效期内，报实盘的一方对报出的实盘是不能撤销或修改的，也不能同时向第三方报实盘。

6. 接受订租

接受订租又称受盘，指一方当事人对实盘所列条件在有效期内明确表示承诺。至此，租船合同即告成立。

7. 订租确认书

接受订租是租船程序的最后阶段，一项租船业务即告成交。通常的做法是，当事人之间还要签署一份订租确认书，订租确认书无统一格式，但其内容应详细列出船舶所有人和承租人在洽租过程中双方承诺的主要条款。订租确认书经当事人双方签署后，各保存一份备查。

8. 租船合同

正式的租船合同实际上是合同已经成立后才开始编制的。双方签认的订租确认书实质就是一份供双方履行的简式租船合同。签认订租确认书后，船东按照已达成协议的内容编制正式的租船合同，通过租船经纪人送交承租人审核。如果租船人对编制的合同没有什么异议，就可以签字。

9. 租船合同范本

租船公司在经营不定期船时，每一笔交易均需和租方单独订立合同。为了各自的利益，在订立合同时，必然要对租船合同的条款逐项推敲。这样势必造成旷日持久的谈判，不利于迅速成交。为了简化签订租船合同的手续，加快签约的进程和节省为签订租船合同而发生的费用，也为了能通过在合同中列入一些对自己有利的条款，以维护自己一方的利益，在国际航运市场上，一些航运垄断集团、大的船公司或货主垄断组织，先后编制了供租船双方选用，作为洽商合同条款基础的租船合同范本。

租船合同范本中罗列了事先拟定的主要条款。为了便于商定租船合同的双方通过函电对范本中所列条款进行删减、修改和补充，每一租船合同范本都为范本的名称规定了代码，为每一条款编了代号，并在每一行文字前（或后）编了行次的顺号。这样在洽定租船合同的过程中，只须在函电中列明所选用范本的代码，指明对第 × 款第 × 行的内容增、删、改的意见，就能较快地拟定双方所同意的条款。虽然采用租船合同范本可以极大地方便租船合同条款的拟定，但是由于这些范本多数是由船舶所有人一方或代表船舶所有人一方利益的某些航运垄断集团单方面制定的，许多条款都不会对承租人一方有利，这是在选用租船合同范本时不能不考虑的问题。

（二）天津东疆"保税 + 融资性租赁"模式

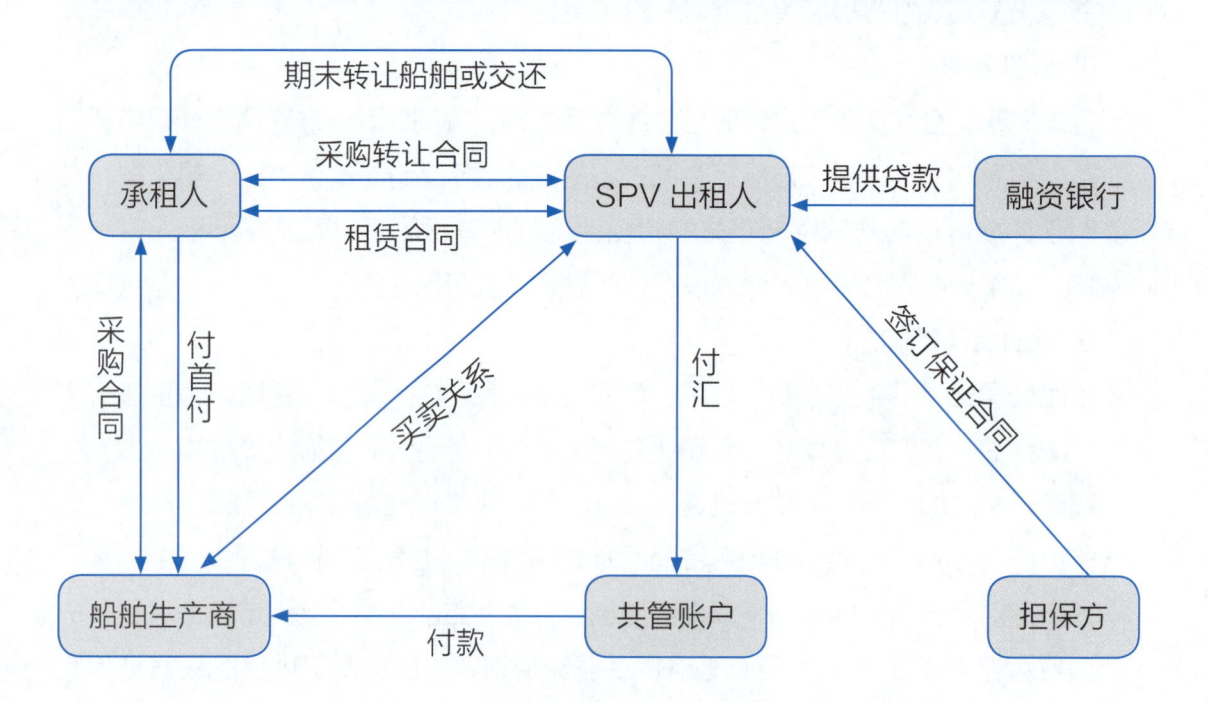

```
                    期末转让船舶或交还
          ┌────────────────────────────┐
          │       采购转让合同          │                  提供贷款
      ┌───▼──┐ ◄──────────────────► ┌──▼──────┐ ◄────────── ┌──────┐
      │承租人│                      │SPV 出租人│             │融资银行│
      └──┬───┘       租赁合同       └──┬──────┘             └──────┘
         │    ◄──────────────────►    │  ▲
     采购 │ 付                  买卖  │  │ 签
     合同 │ 首                  关系  │ 付 订
         │ 付                       │ 汇 保
         │                          │   │ 证
         ▼                          ▼   │ 合
      ┌──────┐       付款        ┌──────┐│ 同
      │船舶生产商│ ◄──────────── │共管账户││
      └──────┘                  └──────┘│
                                        │
                                  ┌─────▼┐
                                  │担保方 │
                                  └──────┘
```

船舶租赁业务流程

选择租赁船舶 → **委托租赁** → **询价** → **谈判** → **签订合同**

- 选择租赁船舶：承租人选定租赁船舶和船舶经纪人/船舶供应商。
- 委托租赁：承租人提出租赁申请，载明船舶的船舶技术标准及航运经营和船舶维护保养的可行性报告等有关资料，并提供有偿还能力的担保单位。
- 询价：租赁机构在接受委托后和承租人一起向船舶经纪人和船东询价。
- 谈判：技术谈判、合同谈判、商务谈判、租赁谈判。
- 签订合同：先由出租人与承租人签订租赁合同，再由出租人与船舶供应商签订购买合同。

购入船舶 → **租金支付** → **租赁期内维护保养** → **租赁期满后船舶的处理**

- 购入船舶：合同签订后，出租人向船舶供应商支付船舶价款，购入船舶交承租人使用。船舶交付承租人后，承租人与船舶供应商要约定相应的售后服务，承租人在合同规定的时间内负责验收。
- 租金支付：承租人应按租赁合同规定，定期向出租人支付租金。
- 租赁期内维护保养：船舶交付承租人后，由承租人负责船舶的维护保养。
- 租赁期满后船舶的处理：租赁期满，承租人对船舶可按合同规定续租、退还船舶或以约定价格留购，从而结束融资性租赁合同。

二、钻井平台贸易业态

（一）钻井平台传统融资模式

1. 买方信贷模式分析

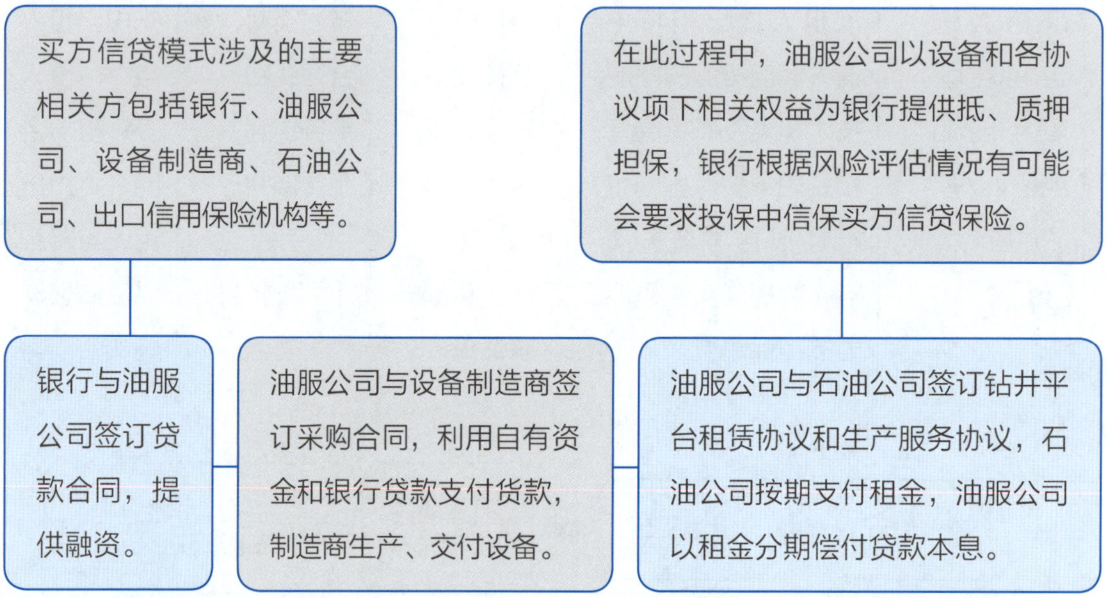

买方信贷模式涉及的主要相关方包括银行、油服公司、设备制造商、石油公司、出口信用保险机构等。

在此过程中，油服公司以设备和各协议项下相关权益为银行提供抵、质押担保，银行根据风险评估情况有可能会要求投保中信保买方信贷保险。

银行与油服公司签订贷款合同，提供融资。

油服公司与设备制造商签订采购合同，利用自有资金和银行贷款支付货款，制造商生产、交付设备。

油服公司与石油公司签订钻井平台租赁协议和生产服务协议，石油公司按期支付租金，油服公司以租金分期偿付贷款本息。

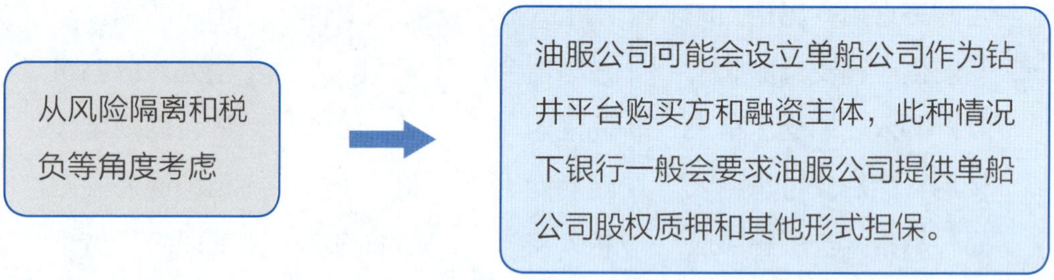

从风险隔离和税负等角度考虑 → 油服公司可能会设立单船公司作为钻井平台购买方和融资主体，此种情况下银行一般会要求油服公司提供单船公司股权质押和其他形式担保。

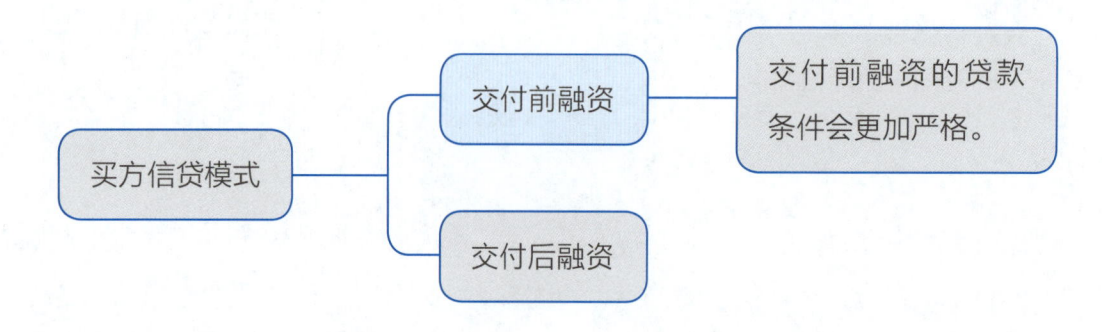

买方信贷模式
- 交付前融资 —— 交付前融资的贷款条件会更加严格。
- 交付后融资

2. 卖方信贷模式分析

卖方信贷模式中，油服公司与石油公司之间、设备制造商与油服公司之间的关系与买方信贷基本相同。

区别在于银行向设备制造商发放贷款，设备制造商利用贷款资金组织生产，交付设备后用所收到货款偿付贷款本息。

卖方信贷期限较短，一般不超过 5 年，而买方信贷最长可至 15 年。

在卖方信贷中，设备制造商可能会购买出口信用保险来转移油服公司违约风险，还可将此保险权益转让给银行为贷款增信。

（二）钻井平台租赁贸易流程

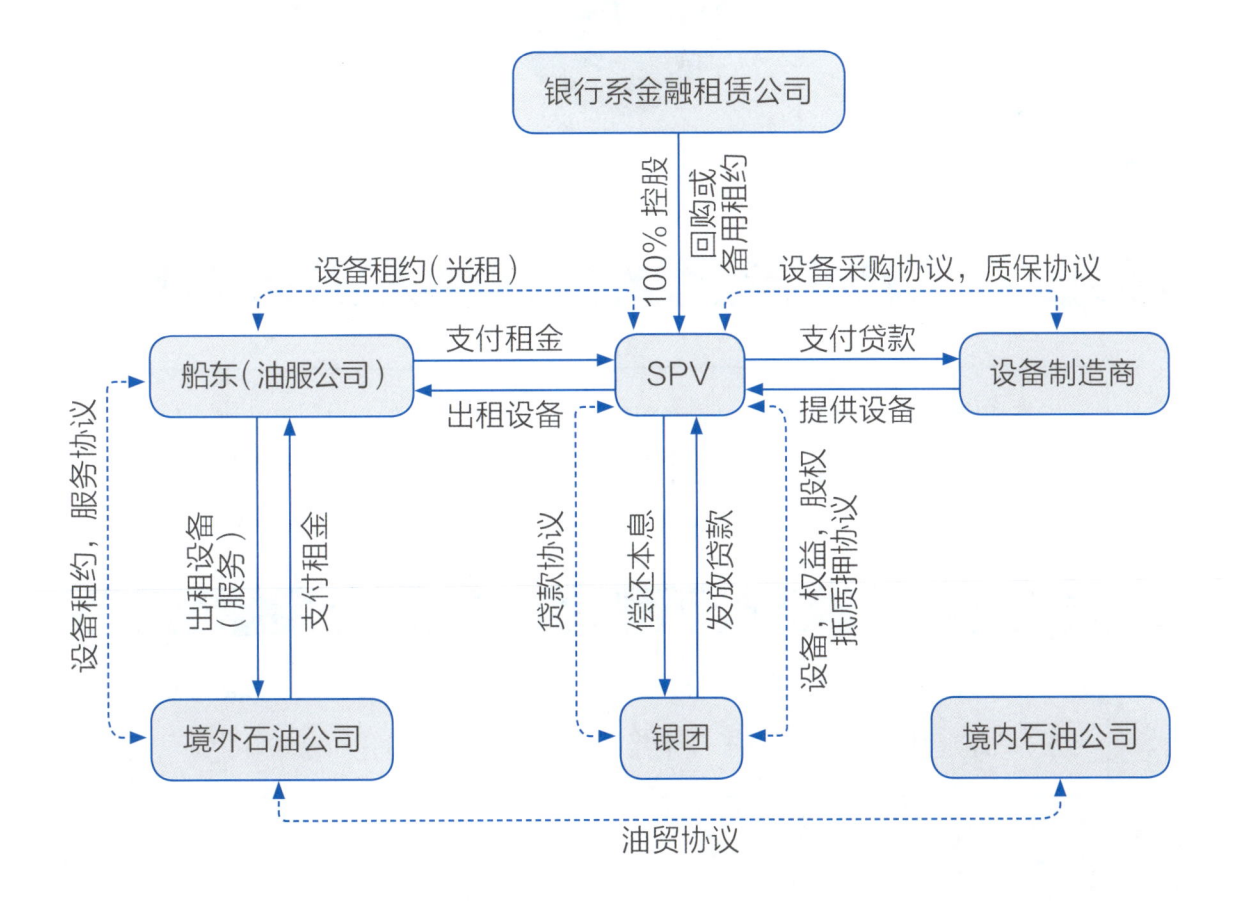

三、水下焊接项目招投标流程

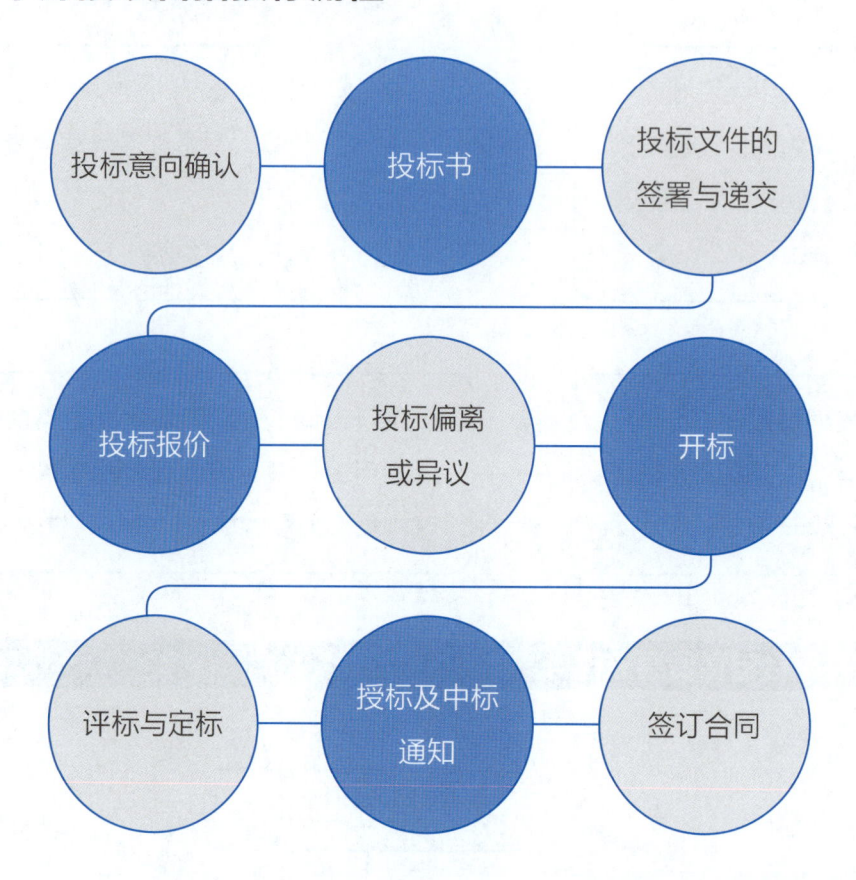

```
投标意向确认 → 投标书 → 投标文件的签署与递交
                                    ↓
投标报价 ← 投标偏离或异议 ← 开标
    ↓
评标与定标 → 授标及中标通知 → 签订合同
```

（一）投标意向确认

投标者收到招标书后，必须在约定时间内回复投标确认书，表明投标意向。逾期未确认的，可能因此失去投标资格。

（二）投标书

投标书应包括商务投标书、技术投标书和价格投标书 3 个部分。

1. 商务投标书
- 投标函
- 投标服务范围/货物清单（不含价格）
- 交货期/进度计划
- 投标银行保函
- 基本资质文件
- 公司组织机构图
- 工厂生产能力与正在执行的合同情况
- 经会计师事务所审计的近3年的公司财务报表
- 近3年来涉及的诉讼情况
- 投标偏离一览表（商务部分）
- 投标者提出对招标方有利的合理化建议（商务部分）
- 接到正式合同后的交货期/进度计划
- 必要的其他商务文件

2. 技术投标书

- 服务范围或供货范围（不含价格的报价清单）
- 产品主要技术参数/技术能力（包括图纸、产品的详细说明、人员、设施等）
- 外购的关键元器件明细表（包括厂家、产品型号、参数）
- 技术标准包括产品生产、检验、测试标准
- 分供/分包情况
- 交货期/进废计划
- 详细的类似经验/业绩表
- 质量管理体系与质保期说明
- 安全、环保体系及近3年状况
- 产品保修和售后服务体系
- 投标偏离一览表（技术部分）
- 投标者提出对招标方有利的合理化建议（技术部分）
- 必要的其他技术文件（详见附件技术要求）

3. 价格投标书

所报价格要求价税分离，列明净价、税费、含税价及适用税率。

（三）投标文件的签署与递交

投标文件应由投标代表签署或加盖公章，投标者应将投标书按技术、商务和价格3个部分分别上传系统，招标方不接受采用不符合招标书明确规定的递交方式递交的投标书。

（四）投标报价

以美元投标均应报含税服务价格，以人民币投标均应按照营改增价税分离原则报含税服务价格／买方指定仓库交货价。所报价格应是固定的，包括执行合同所发生的一切费用、风险、利润、税款和各种杂费，在投标做出后乃至合同期内，不因物价波动、汇率变化等而做调整。投标者所填投标分项价格表仅供评标使用，在任何情况下，都不限制招标方以不同的条件成交的权利。

（五）投标偏离或异议

投标者应详细阅读招标文件（特别是招标清单和形式合同）的全部内容。如有不能满足招标文件的，不管是对技术参数的不能满足还是对商务条款的无法接受，均应提出投标偏离一览表。需要注意的是，基于对技术参数的不能满足所提出的投标偏离或异议，应以"投标偏离一览表（技术部分）"的形式随技术投标书上传并作为其中部分；基于对商务条款的无法接受所提出的投标偏离或异议，应以"投标偏离一览表（商务部分）"的形式随商务投标书上传并作为其中部分。投标文件中如无投标偏离一览表或其他明确的关于投标偏离或异议的声明，则视为投标文件完全遵守招标文件，投标者完全放弃提出异议的权利。在满足招标文件要求的前提下，投标者可以在投标文件里提出有利于招标方的建议。

（六）开标

开标是指在投标人提交投标文件后，招标人依据招标文件规定的时间和地点，开启投标人提交的投标文件，公开宣布投标人的名称、投标价格及其他主要内容。

（七）评标与定标

招标方将对初审合格的投标书进行评审和比较，招标方有权选择最合适的价值分析方法进行评标。招标方不受必须接受投标价格最低的投标书的限制，投标价格最低不是招标方确定中标商的唯一条件，但投标者的报价是招标方选择中标商的关键因素。

评标时将考虑如下（但不限于）价格因素：服务/货物（包括设备、一年备品备件、特殊工具费）报价；技术服务费、安装、调试和检测费用和招标书技术附件中要求的培训费。

除了上述价格以外，下列（但不限于）因素也将在招标方的评标中予以考虑：所供服务/货物的型号、设计、规格和材质及整个技术方案的先进性、合理性和可靠性；投标者报价交货期/进度计划；投标者类似的业绩；投标者及其选择的制造商的声誉；投标者及其选择的制造商在中国履约和售后服务的质量；投标书中提供的设备在中国获得零配件和得到售后服务的方便程度；投标者提交的投入本项目的关键岗位人员的资历、能力与经验等。

招标人根据评标委员会提出的书面评标报告和推荐的中标候选人确定中标人，招标人也可以授权评标委员会直接确定中标人。

（八）授标及中标通知

合同将被授予满足下列条件的投标者：其投标书实质性响应招标书；其投标书被评为综合评价最高。投标者的最低报价不能视为中标的保证，招标方有权在授标时，在不改变单价和其他条件的前提下，增加或减少技术部分中规定的投标者供货设备材料或服务的品种或数量。

（九）签订合同

中标者应按规定的时间、地点与买方签订合同，招标文件、中标方的投标文件及评标过程中有关澄清文件均应作为合同签订的依据。

第三节
海工装备租赁贸易进口报验状态

表 3-1　海工船舶租赁贸易进口报验状态

监管方式代码	商品编码	商品名称	商品规格、型号
1523	8901201100	成品油船	载重量不超过 10 万吨
1523	8901201200	成品油船	载重量超过 10 万吨，但不超过 30 万吨
1523	8901201300	成品油船	载重量超过 30 万吨
1523	8901202100	原油船	载重量不超过 15 万吨
1523	8901202200	原油船	载重量超过 15 万吨，但不超过 30 万吨
1523	8901202300	原油船	载重量超过 30 万吨
1523	8901203100	液化石油气船	容积在 2 万立方米及以下
1523	8901203200	液化石油气船	容积在 2 万立方米以上
1523	8901204100	液化天然气船	容积在 2 万立方米及以下
1523	8901204200	液化天然气船	容积在 2 万立方米以上
1523	8901902100	机动集装箱船	可载标准集装箱在 6000 箱及以下
1523	8901902200	机动集装箱船	可载标准集装箱在 6000 箱以上
1523	8901903100	机动滚装船	载重量在 2 万吨及以下
1523	8901903200	机动滚装船	载重量在 2 万吨以上
1523	8901904100	机动散货船	载重量不超过 15 万吨
1523	8901904200	机动散货船	载重量超过 15 万吨，但不超过 30 万吨
1523	8901904300	机动散货船	载重量超过 30 万吨
9800	8901201100	成品油船	载重量不超过 10 万吨
9800	8901201200	成品油船	载重量超过 10 万吨，但不超过 30 万吨
9800	8901201300	成品油船	载重量超过 30 万吨

表 3-1（续）

监管方式代码	商品编码	商品名称	商品规格、型号
9800	8901202100	原油船	载重量不超过 15 万吨
9800	8901202200	原油船	载重量超过 15 万吨，但不超过 30 万吨
9800	8901202300	原油船	载重量超过 30 万吨
9800	8901203100	液化石油气船	容积在 2 万立方米及以下
9800	8901203200	液化石油气船	容积在 2 万立方米以上
9800	8901204100	液化天然气船	容积在 2 万立方米及以下
9800	8901204200	液化天然气船	容积在 2 万立方米以上
9800	8901902100	机动集装箱船	可载标准集装箱在 6000 箱及以下
9800	8901902200	机动集装箱船	可载标准集装箱在 6000 箱以上
9800	8901903100	机动滚装船	载重量在 2 万吨及以下
9800	8901903200	机动滚装船	载重量在 2 万吨以上
9800	8901904100	机动散货船	载重量不超过 15 万吨

表 3-2　石油钻探设备结构及报验状态

钻机设备子系统	所涉设备
起升系统	绞车、辅助刹车、天车、游车、大钩、钢丝绳以及吊环、吊卡、吊钳、卡瓦等
旋转系统	转盘、水龙头、钻具（钻具的组成也有所差异，一般包括方钻杆、钻杆、钻铤和钻头，此外还有扶正器、减震器以及配合接头等）
钻井液循环系统	钻井泵，地面管汇、泥浆罐、泥浆净化设备等
传动系统	一般包括减速机构、变速机构、正倒车机构以及多动力机之间的并车机构等
控制系统	顶驱系统、司钻控制台等
动力驱动系统	柴油机、交流电机、直流电机等

表 3-2（续）

钻机设备子系统	所涉设备
钻机底座	底座
钻机辅助设备系统	防喷器组，为钻井提供照明和辅助用电的发电机组，提供压缩空气的空气压缩设备以及供水、供油设备等

表 3-3　石油钻探设备进口报验状态

商品编码	商品名称	用途
8483600090	钻探机用线圈离合器	石油钻探机通用
8431431000	钻铤	石油钻探机通用
9031809090	综合测量仪	电潜泵用
8413810090	注塞泵	石油工业用
7315190000	注入头链条	石油钻探连续油管工具注入器，将工具送到井下
8482990000	轴套	推力球轴承通用
8483300090	轴承座	固定轴承用
9030100000	中子密度测井仪	用于测量井眼周围岩层密度和孔隙度
8537101990	中控电路板	负责测井工具的采集数据上传和存储
8412210000	直线作用的液压动力装置	将液压能转变为机械能，做直线往复运动或产生直线运动，并传递直线方向的作用力
8501310000	直流电动机	直流发电产生动力
8431431000	震击器	石油钻探机用，生产瞬间冲击力，震碎岩石
9031809090	震动探测仪	随钻测井用
9015800090	阵列感应测井仪器	测井井下仪器用
9031809090	张力检测仪	检测液压缸张力
8479899990	油管锚定器	油井生产用或用于锚定和密封，防止下方管柱上窜

表 3-3（续 1）

商品编码	商品名称	用途
8311900000	硬质合金焊条	用于堆焊石油等工业中一些严重磨损或兼有切削的工件，如铣鞋、磨鞋、扶正器、扩孔器等
8412909090	液压马达用定子	液压马达用
8412291000	液压马达	石油钻探设备用
8412909090	液压缸用壳体	液压缸用
8412210000	液压缸	活塞受液压力作用，带扶正块做直线运动，测量仪用
8413503990	液压泵	液压驱动、往复式采油用
8413910000	叶轮	泵用
8207199000	牙轮钻头	石油钻探用
8413503190	压裂柱塞泵	主要用于陆地油田，低压液体通过此设备变成高压流体，对地层进行高压注入压裂地层作用
9032810000	压力自动控制器	石油工业用、自动调节压力
9026209010	压力传感器	感受压力并转换成可用输出信号
9026209090	压力测量仪	检测压力 | 石油钻井管线内液体
9026201090	压力变送器	通过测量管道内气体压力的变量转换成电信号输出
9015800090	旋转导向钻井工具	旋转导向用
8431431000	旋转导向工具	石油钻探机通用
8481803990	旋塞阀	开启或关闭液体流通
8483109000	芯轴	石油工业用
8431431000	斜向器	钻探机用，斜面工具，让铣锥沿着斜面出窗口造斜
9015900090	无线随钻测斜测量仪用旋转导向头	测量仪用

表 3-3（续 2）

商品编码	商品名称	用途
9015900090	无线随钻测斜测量仪用双向传输接头	测量仪用
9015900090	无线随钻测斜测量仪用活塞	测量仪用
9015900090	无线随钻测斜测量仪用扶正接头	测量仪用
9015800090	无线随钻测斜测量仪用方位测量仪	用来测量工具在井眼中的倾角方位角等
9015900090	无线随钻测斜测量仪用电子单元	适用于特定型号测量仪用
9015900090	无线随钻测斜测量仪用地层测试仪用电子单元（修理费）	适用于特定型号测井仪
9015800090	无线随钻测斜测量仪用地层测试仪	测试地层压力和流体流度
9030100000	无线随钻测斜测量仪用传感器（修理费）	无线随钻测斜测量仪传感工具用
9030100000	无线随钻测斜测量仪用传感器	无线随钻测斜测量仪传感工具用
8544601200	无接头电缆	传输作用，非同轴，无接头
8431431000	涡轮钻具	石油钻探机通用
8523292300	未录制磁带	录制用
8431431000	尾管悬挂器	特定型号石油钻探机悬挂尾管用
8479899990	尾管挂下井工具	将尾管挂送到井下指定位置并予以固定
8479899990	尾管封隔器	用于油气井内不同物性储层间的隔离
9030390000	随钻电阻率测试仪	随钻测井用
3926901000	塑料制密封筒	石油钻探设备用
9015800090	四臂井径测井仪	测井仪器用，将该仪器下放到钻井井眼中，仪器能够测量井眼的内径

表 3-3（续 3）

商品编码	商品名称	用途
9030332000	双侧向测井仪器	测井井下仪器用
8517709000	适配器	特定型号脉冲编码调制设备连接作用
8431431000	石油钻探震击器	特定型号石油钻探机用，用于井下工具卡钻时提供上下震击动力以解卡，并有利于安全钻进
8431431000	石油钻探加速器	特定型号石油钻探机用，增强钻头冲击力，改善井底流场并提高钻井速度
8431431000	石油钻探机用钻铤	石油钻探机通用
8431431000	石油钻探机用芯轴套筒	特定型号石油钻探机用，钻探机芯轴保护用
8431431000	石油钻探机用套筒	石油钻探机用，起保护作用
8431431000	石油钻探机用桥塞	特定型号石油钻探机油气井封层用
8207191000	石油钻探机用金刚石钻头	石油钻探用
8431431000	石油钻探机用回接筒	特定型号石油钻探机回接工具用
8431431000	石油钻探机用钢铁制钻铤	石油钻探机通用
7326901900	石油钻探机用钢铁制套筒	石油钻探机通用
8431431000	石油钻探机用电缆坐封杆	适用于特定型号石油钻探机，当电缆下入桥塞时，进行桥塞井筒里坐封用
8431431000	石油钻探机打捞用震击器	特定型号石油钻探机用
9406900090	石油钻井平台用地面操作间	空调和配电箱
8412291000	石油钻井泥浆液压马达	通过电力带动轴承转动
8413910000	石油压裂柱塞泵用支撑架	特定型号泵使用
8413910000	石油压裂柱塞泵用动力端	由引擎提供动力经过变速箱，传动轴到达动力端内带动曲轴连杆的转动，曲轴连杆的转动带动柱塞的往复运动，提供动力给泵头

表 3-3（续 4）

商品编码	商品名称	用途
8479899990	石油完井滑套开关工具	石油钻井设备用，打开或闭合石油钻井设备井下滑套功能
7326191000	石油工业用钢铁制弹簧座	固定弹簧使用
7307190000	石油工业用钢铁短节	用于管道连接
9015900090	石油测井全列声波测井仪器专用接收器	特定型号石油测井全列声波测井仪器专用
9015800090	声波测井仪	用于井下数据测量
9031809090	深度传感器	用于液位记录和监测
8479899990	上扣机	石油钻探设备用
8474390000	砂浆搅拌器	砂浆搅拌用
8501530090	三相交流电动机	发电用
8431431000	驱动套筒	石油钻探机用，连接用
8479899990	桥塞封隔器	用于油井生产
8479899990	桥塞	压裂过程中起到对油层层段之间进行隔离的作用
8413910000	潜油泵专用护罩	潜油泵专用
8413910000	潜油泵专用堵头	潜油泵专用
9031809090	潜油泵保护器用检验仪	检验潜油泵保护器用
9027100090	气体碳同位素分析装置	用于分析甲烷气体中碳同位素含量
8479899990	破裂盘式封堵工具	石油钻探用
8479899990	喷砂射孔工具	石油压裂时冲击井壁地层使用
8481400000	旁通阀	用于井下管道里泥浆的介质分流
9015800090	偶极子声波测井仪器	测井仪器用
9030900090	密度测井仪用探测装置	适用于 9.75 密度测井仪用
9030100000	密度测井仪	石油钻探测井用
8501520000	螺杆泵用电机	发电用

表 3-3（续 5）

商品编码	商品名称	用途
8413604090	螺杆泵	液压，回转式，输送物流用
4016931000	硫化橡胶制密封圈	震击器密封用
4016931000	硫化橡胶制密封件	无线随钻测量仪密封用
8481803990	流量控制阀	石油工业用
9030100000	离子射线检测仪	石油工业用，探测放射性源
8421199090	离心干燥机	石油钻探用，离心式
8421199090	离心分离器	采油用
8205590000	拉拔工具	石油工业用
8431431000	扩眼器	连接在石油钻探机上，下入井底，扩大井眼
9032900090	控制面板	钻孔器用
8414804090	空气增压器	石油钻探用
7307190000	可锻性铸钢制接头	管道连接用
9031809090	井斜方位测井仪	石油工业用
9026209090	井下液体压力传感器	压力检测用
8481804090	井下关断阀	关闭阀，阻断流体循环通道
9026209090	井下传感器	监测潜油电泵运行参数
7326191000	井口管汇	石油工业用
9030100000	近钻头伽玛测井仪	测井用
8207191000	金刚石钻头	石油钻探
7307990000	接头	石油勘探平台使用，用于井下管子间的连通
8431431000	减震器	石油钻探机用，减少井下钻机震动，提高钻具寿命
8516299000	加热器	用于加热石油作业用的液体，使之达到最佳温度
8484200090	机械密封件	活动件，硫化橡胶；固定件，合金钢

3万立方米 LNG 运输船

双燃料港作拖轮

绞车

游车

第三章 海工装备租赁贸易 | 113

钻杆

钻铤

钻头

SL120 水龙头

SL135 水龙头 + 旋扣器

SL160 水龙头

钻井泵

顶驱系统

控制台

柴油机

底座

第四节
海工装备租赁贸易相关费用

一、船舶租赁常见费用

（一）经营性租赁费用类型

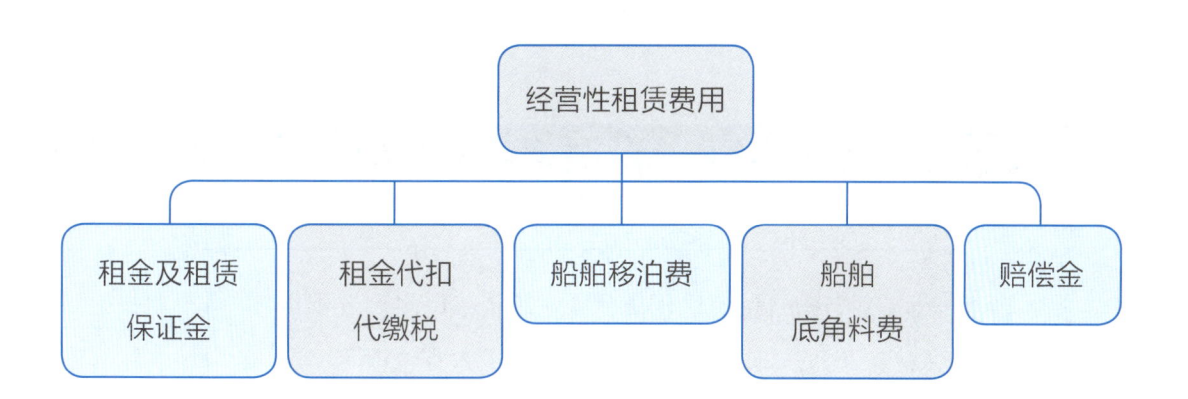

```
                    经营性租赁费用
   ┌──────────┬──────────┬──────────┬──────────┐
租金及租赁   租金代扣    船舶移泊费    船舶      赔偿金
保证金      代缴税                 底角料费
```

1. 租金及租赁保证金

承租人按约定比例每月支付租金，承租人应支付的租金应等于适用的每日费率乘以租赁天数。在合同签订后的约定时间内（但不晚于出租人首次支付船舶购买价款前），承租人应向出租人一次性支付合同约定的租赁保证金，租赁保证金不计利息。

2. 租金代扣代缴税费

租金代扣代缴税包括代扣代缴关税、进口增值税、代扣代缴增值税、代扣代缴企业所得税、代扣代缴城市维护建设税、代扣代缴教育费附加、代缴地方教育费附加和代扣代缴防洪费 8 类税费。

3. 船舶移泊费

将船舶从交付地点运输至双方约定的停泊地点期间产生的相应移泊费用。

4. 船舶底角料费

交船时，承租人应当接受并支付船上的燃油底角料费。还船时，服务提供方应当接受并支付船上剩余的燃油费。

5. 赔偿金

船舶交付与退还期间，承租人因未符合租赁贸易中约定的交还船舶条件而向出租人支付的补偿或赔偿费用。

（二）融资性租赁费用类型

租赁双方签订融资性租赁合同，承租人以融资性租赁方式进口船舶。对此，承租人需向出租人支付以下费用：

根据融资性租赁合同：
- 租金
- 租前息
- 租赁保证金
- 维护保养、装饰费及改装费
- 租赁手续费
- 船舶保险费
- 留购价款及费用

1. 租金

出租人有权向承租人收取且承租人有义务向出租人支付的融资性租赁船舶的租金总额。其中每一期租金的构成包括船舶购置价格、出租人融资成本、税收优惠、出租人的风险补偿以及利润等。

2. 租前息

起租日前由出租人向承租人收取的，根据出租人已经向卖方支付的船舶购买价款，按照合同约定的费率和占用天数计算的资金占用费用。

3. 租赁保证金

租赁保证金用于承租人有任何违约行为时，抵扣承租人应付的所有费用、逾期利息、到期未付租金或租前息和其他应付款项。

4. 维护保养、装饰费及改装费

承租人按合同约定使租赁船舶处于良好的营运状态进行的维修保养而承担的费用。

船舶交付时由承租人承担的租金外的装饰费及改装费用。

5. 租赁手续费

出租人为承租人提供的融资性租赁服务的费用。

6. 船舶保险费

为船舶投保的船壳险、战争险、保赔险的费用。

7. 留购价款及费用

租赁期限届满时承租人为留购租赁船舶应向出租人支付的购买价款。

（三）船舶租赁相关费用的合同要点

1. 经营性租赁合同

（1）租期条款

合同项下的租期为自交船日起：固定期限 × 个月 + 浮动期限 × 个月。固定

期限届满前 × 日，承租人应书面通知出租人是否在浮动期限内继续租用船舶，若继续租用船舶，则双方就浮动期限续租事宜友好协商。租期届满前，如双方根据作业的实际情况需要延长租期，应于租期届满前 × 日协商确定延长租期并签订补充协议，协商未达成一致的，租期届满合同终止。如果双方未对延长租期达成一致，承租人必须于租期届满前将船舶按合同条款约定地点将船舶交还给出租人。

（2）租金条款

船舶的日租金为 × 美元。不受通货膨胀、利率、汇率、成本及市场等因素变化的影响，税费详见合同相关条款。不足一日的按比例计算，最小计算单位精确至小时。

合同项下的租金按期支付，每一个月为一期（第一期和最后一期除外）。第一期为交船之时起至交船当月的最后一天，最后一期为倒数第二期之后至还船之时止，每月租金于当月支付。

出租人应根据合同规定的付款条件和进度，提前 × 日向承租人开具符合中国法律法规要求的形式发票。如出租人未开具该等形式发票，承租人有权拒付相关租金。如果承租人对出租人开具的形式发票无异议，承租人应在收到形式发票后 × 日内向出租人付款。如付款到期日为非银行工作日，则付款到期日顺延至下一个银行工作日。

如仅因承租人原因，承租人逾期向出租人付款，出租人应向承租人发出书面催款通知，承租人应在收到该等通知后 × 日内付款。

（3）租赁保证金条款

在合同签订后的 × 个工作日内（但应不晚于出租人首次支付船舶购买价款前），承租人应向出租人一次性支付合同约定的租赁保证金，租赁保证金不计利息。如承租人有任何违约行为，出租人有权将租赁保证金用于抵扣承租人应付的所有费用、逾期利息、到期未付租金和其他应付款项，同时承租人应根据出租人的通知及时补足租赁保证金。如承租人未按要求补足租赁保证金，出租人有权使用承租人其后每次支付的租金优先补足租赁保证金。如承租人在合同履行期间未发生任何违约事项,租赁保证金应用于冲抵最后一期或几期租金的相应金额。

(4)代扣代缴税费条款

对于在中国关境内发生的税费,出租人应根据相关法律法规承担,承租人进行代扣代缴。

对于在中国关境内发生的税费,承租人有权根据相关法律法规和合同规定从应支付给出租人的费用中扣除应由承租人代扣代缴的出租人应付税费,但应当及时向出租人提供完税证明。

对于在中国关境外发生的税费,因船舶所有权发生的税费由出租人承担,因承租人经营船舶或与经营相关的活动在中国关境外发生的税费由承租人承担。

任何一方应及时足额缴纳税费,保证另一方不承担对方未履行纳税义务所产生的任何责任、罚款或索赔。

(5)船舶移泊费条款

合同项下船舶航行及作业的区域范围为适用于本船作业且保险覆盖的区域。承租人应在上述范围内将船舶用于合法的海上航行及作业,且在航行及作业过程中应遵守一切相关法律法规,包括但不限于取得主管部门对相关海上作业的许可并承担申请许可的费用。

租赁期间,承租人必须严格遵守施工作业所在国家或地区的法律法规。若承租人违反了施工作业所在国家或地区的法律法规,由此造成的损失由承租人承担。

船舶交付一般在公海或中国关境外某港口,船舶实际作业区在中国关境内。在船舶交付后,由承运人负责将船舶从交付地运输至合同约定的作业区,涉及的所有费用均由承租人承担。

(6)船舶底角料费条款

交船时,承租人应当接受并支付船上的燃油底角料费。还船时,出租人应当接受并支付船上剩余的燃油费。交船时,船舱应当达到合同约定状态,且应当具备:不低于 × 吨且不高于 × 吨的重油;不低于 × 吨的低硫船用轻柴油;不低于 × 吨的低硫重油。上述数据取决于船舱容积和上一个航次。还船时，船舶应当具备：不低于 × 吨且不高于 × 吨的重油；不高于 × 吨的低硫船用轻柴油，出租人有选择权。

（7）赔偿费条款

还船时，除正常磨损和损耗外，承租人应以交船时同样良好的结构、状态、船况、船级交还给出租人，但自然损耗除外。否则，出租人有权书面拒绝接受还船。在接到出租人拒绝接受还船的通知后，承租人应当立即采取措施在合理时间内恢复船舶状况。承租人应当承担有关恢复原状的费用及时间，出租人亦可接受承租人的还船，但此行为不影响其要求承租人赔偿损失的权利。船舶（包括甲板及各舱室）处于清洁状态，承租人有权在不清扫船舶的情况下还船，但在该等情形下承租人应向出租人支付清洁费。此外，除非出租人同意，承租人应将在租期内对船舶做出的各项改变予以移除或者恢复，以及对船舶登记状况予以恢复，并承担费用和时间。还船时，船舶检验周期应为最近一期，船级证书的有效期应至少在 × 日以上。

2. 融资性租赁合同

（1）租金条款

承租人以融资性租赁方式使用租赁船舶，应按合同约定向出租人支付租金。

（2）租前息条款

起租日前，对于出租人已支付的船舶购买价款，承租人应按照合同约定按期足额向出租人支付租前息。

（3）租赁保证金条款

承租人应向出租人一次性支付合同规定的租赁保证金，如承租人在合同履行期间未发生任何违约事项，租赁保证金应用于冲抵最后一期或几期租金的相应金额。

（4）租赁手续费条款

鉴于出租人为承租人提供了融资性租赁咨询服务，承租人应按照合同约定一次性向出租人支付租赁手续费。该租赁手续费收取后不予退还。

（5）维护保养条款

租赁期限内，承租人应对租赁船舶、船机、锅炉、装置和备件进行良好的维修保养并承担费用，使租赁船舶处于良好的营运状态。

（6）船舶保险费条款

在租赁期限内，承租人应自负费用为租赁船舶足额投保船舶一切险和船东保赔险。

承租人应承担保险合同下被保险人的所有义务和责任。

（7）留购价款条款

承租人应支付约定的留购价款留购租赁船舶。在承租人付清留购价款后，出租人应向承租人出具"船舶所有权转移证书"，将租赁船舶的所有权转移给承租人。

二、钻井平台租赁常见费用

（一）钻井平台成本构成

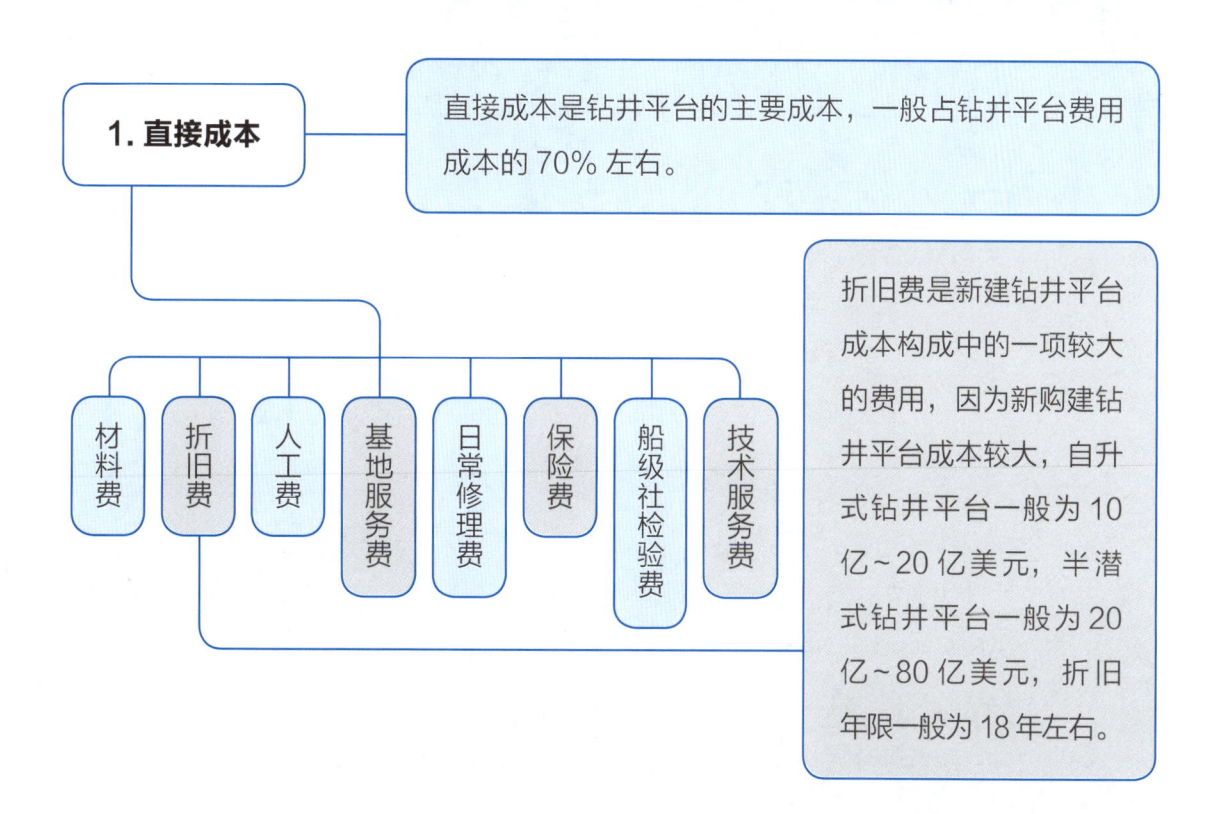

1. 直接成本 —— 直接成本是钻井平台的主要成本，一般占钻井平台费用成本的70%左右。

子项：材料费、折旧费、人工费、基地服务费、日常修理费、保险费、船级社检验费、技术服务费

折旧费是新建钻井平台成本构成中的一项较大的费用，因为新购建钻井平台成本较大，自升式钻井平台一般为10亿~20亿美元，半潜式钻井平台一般为20亿~80亿美元，折旧年限一般为18年左右。

2. 间接成本

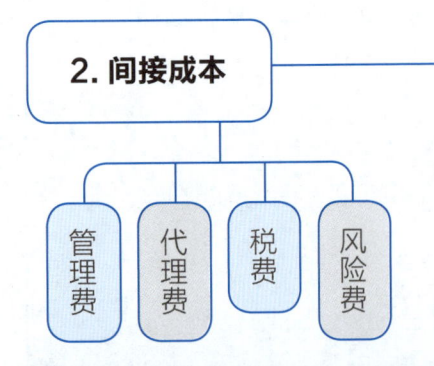

- 管理费
- 代理费
- 税费
- 风险费

间接成本是在钻井平台直接成本的基础上，根据项目的规模、项目的特点，结合实际情况计提一定比例的费用计入成本。

（二）钻井平台租赁费用

根据国际船舶网于2023年8月1日发布的《从"新"出发，逐"绿"前行——2023年上半年世界海工市场评论》，2023年上半年，自升式钻井平台和浮式钻井平台利用率基本在85%左右高位运行。

租金方面，浮式钻井平台日租金涨幅明显，6月末平均日租金已经达到29.2万美元/天，同比增长21%。克拉克森研究移动式海上钻井装置指数在2022年年内已上涨43%，创2015年以来新高（历史高点在2014年、2015年）。（见图3-5）

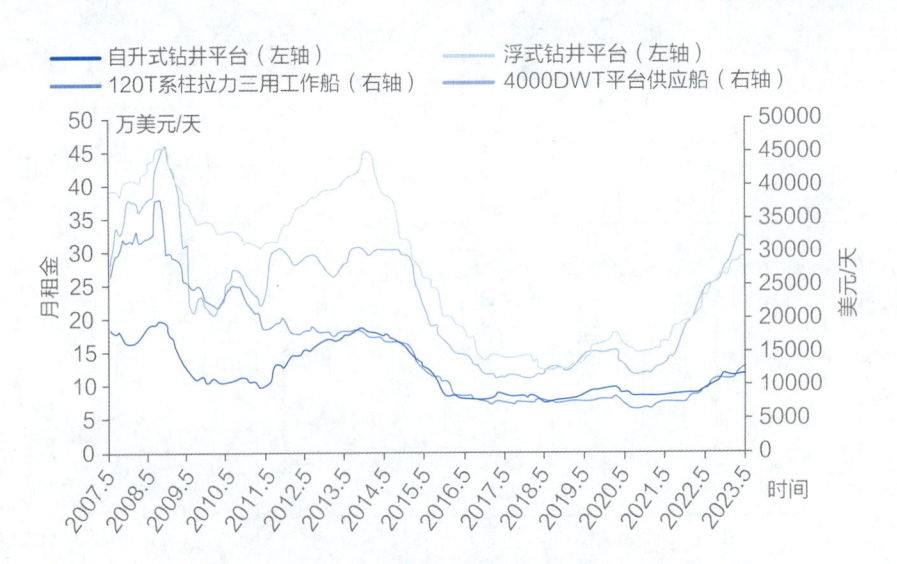

图3-5　钻井平台和海工辅助船平均日租金走势

（数据来源：克拉克森研究公司，由中国船舶集团经济研究中心整理）

第五节
海工装备租赁贸易国家法律政策

从"十一五"规划到"十四五"规划，海工装备制造业始终是国家重点发展的新兴产业。随着中国海工装备制造业产业基础的逐步完善，发展壮大产业以及突破核心技术等方面成为了发展重点，政策也随之倾斜。国家有关部门陆续印发了《中国制造2025》（国发〔2015〕28号文发布）、《"十四五"智能制造发展规划》（工信部联规〔2021〕207号文发布）等政策，支持海工装备行业的发展，重点关注核心技术突破、主要产品发展等方面，从政策性质看，目前以支持性政策为主。

《中国制造2025》把海工装备和高技术船舶作为十大重点发展领域之一加快推进，明确了2015—2025年的10年发展重点和目标，为我国海工装备和高技术船舶发展指明了方向。海工装备和高技术船舶处于海洋装备产业链的核心环节，推动海工装备和高技术船舶发展，是促进我国船舶工业结构调整转型升级、加快我国世界造船强国建设步伐的必然要求，对维护国家海洋权益、加快海洋开发、保障战略运输安全、促进国民经济持续增长、增加劳动力就业具有重要意义。

表 3-4 《中国制造 2025》相关要点

要点	具体内容
发展思路	大力发展深海探测、资源开发利用、海上作业保障装备及其关键系统和专用设备。推动深海空间站、大型浮式结构物的开发和工程化。形成海洋工程装备综合试验、检测与鉴定能力，提高海洋开发利用水平。突破豪华邮轮设计建造技术，全面提升液化天然气船等高技术船舶国际竞争力，掌握重点配套设备集成化、智能化、模块化设计制造核心技术。
重点发展方向	海洋资源开发装备、海洋空间资源开发装备、综合试验检测平台、高技术船舶、核心配套设备。
海洋油气资源开发装备重点领域	重点提升自升式钻井平台、半潜式钻井平台、半潜式生产平台、半潜式支持平台、钻井船、浮式生产储卸装置（FPSO）等主流装备技术能力，加快技术提升步伐；大力发展液化天然气浮式生产储卸装置（LNG-FPSO）、深吃水立柱式平台（SPAR）、张力腿平台（TLP）、浮式钻井生产储卸装置（FDPSO）等新型装备研发水平，形成产业化能力。

表 3-5 2018—2022 年中国海洋工程装备行业相关政策汇总一览表

发布（修订）时间	政策名称	内容
2022.1	《关于促进钢铁工业高质量发展的指导意见》	大幅提升钢铁供给质量。建立健全产品质量评价体系，加快推动钢材产品提质升级，在航空航天、船舶与海工装备、能源装备、先进轨道交通及汽车、高性能机械、建筑等领域推进质量分级分类评价，持续提高产品实物质量稳定性和一致性，促进钢材产品实物质量提升。
2021.12	《"十四五"智能制造发展规划》	面向汽车、工程机械、轨道交通装备、航空航天装备、船舶与海工装备、电力装备、医疗装备、家用电器、集成电路等行业，支持智能制造应用水平高、核心竞争优势突出、资源配置能力强的龙头企业建设供应链协同平台，打造数据互联互通、信息可信交互、生产深度协同、资源柔性配置的供应链。

表 3-5（续 1）

发布（修订）时间	政策名称	内容
2021.11	《"十四五"能源领域科技创新规划》	研发远海深水区域漂浮式风电机组基础一体化设计、建造与施工技术，开发符合中国海洋特点的一体化固定式风机安装技术及新型漂浮式桩基础。建设海洋地震采集装备制造及检测平台，应用海洋地震勘探系统地震拖缆、控制与定位、综合导航、气枪震源控制等核心装备并装配三维地震物探船，支撑海洋地震勘探技术装备在海洋深水油气勘探开发的推广应用等。
2021.10	《2030年前碳达峰行动方案》	坚持陆海并重，推动风电协调快速发展，完善海上风电产业链，鼓励建设海上风电基地。到 2030 年，风电、太阳能发电总装机容量达到 12 亿千瓦以上。集中力量开展复杂大电网安全稳定运行和控制、大容量风电、高效光伏、大功率液化天然气发动机、大容量储能、低成本可再生能源制氢、低成本二氧化碳捕集利用与封存等技术创新。
2021.6	《国家发展改革委关于2021年新能源上网电价政策有关事项的通知》	2021 年起，对新备案集中式光伏电站、工商业分布式光伏项目和新核准陆上风电项目（以下简称"新建项目"），中央财政不再补贴，实行平价上网。2021 年新建项目上网电价，按当地燃煤发电基准价执行；新建项目可自愿通过参与市场化交易形成上网电价，以更好体现光伏发电、风电的绿色电力价值。2021 年起，新核准（备案）海上风电项目、光热发电项目上网电价由当地省级价格主管部门制定，具备条件的可通过竞争性配置方式形成，上网电价高于当地燃煤发电基准价的，基准价以内的部分由电网企业结算。鼓励各地出台针对性扶持政策，支持光伏发电、陆上风电、海上风电、光热发电等新能源产业持续健康发展。
2021.3	《中华人民共和国国民经济和社会发展第十四个五年规划和2035年远景目标纲要》	加快发展非化石能源，坚持集中式和分布式并举，大力提升风电、光伏发电规模，加快发展东中部分布式能源，有序发展海上风电，加快西南水电基地建设，安全稳妥推动沿海核电建设，建设一批多能互补的清洁能源基地，非化石能源占能源消费总量比重提高到 20% 左右。

表 3-5（续 2）

发布（修订）时间	政策名称	内容
2020.12	《新时代的中国能源发展》白皮书	按照统筹规划、集散并举、陆海齐进、有效利用的原则，在做好风电开发与电力送出和市场消纳衔接的前提下，有序推进风电开发利用和大型风电基地建设。积极开发中东部分散风能资源。积极稳妥发展海上风电。优先发展平价风电项目，推行市场化竞争方式配置风电项目。以风电的规模化开发利用促进风电制造产业发展，风电制造产业的创新能力和国际竞争力不断提升，产业服务体系逐步完善。
2020.11	《关于加快推进可再生能源发电补贴项目清单审核有关工作的通知》	按照《财政部 国家发展改革委 国家能源局关于促进非水可再生能源发电健康发展的若干意见》（财建〔2020〕4号）要求，国家不再发布可再生能源电价附加补助目录，而由电网企业确定并定期公布符合条件的可再生能源发电补贴项目清单。为加快推进相关工作，制定补贴清单审核、公布等有关事项通知。
2020.7	《国家发展改革委办公厅 国家能源局综合司关于公布2020年风电、光伏发电平价上网项目的通知》	2020年风电平价上网项目装机规模1139.67万千瓦、光伏发电平价上网项目装机规模3305.06万千瓦。明确2019年、2020年两批平价项目建设时限要求，列入本次平价项目清单的风电、光伏发电项目均应于2020年底前核准（备案）并开工建设。同时，风电项目应于2022年年底前并网，光伏发电项目应于2021年年底前并网。此外，明确电网企业应按发改能源〔2019〕19号文件要求落实接网工程建设责任，确保平价项目优先发电和全额保障性收购。
2020.6	《2020年能源工作指导意见》	要求多措并举，增强油气安全保障能力。加大油气勘探开发力度。大力提升油气勘探开发力度保障能源安全，狠抓主要目标任务落地，进一步巩固增储上产良好态势。重点做大渤海湾、四川、新疆、鄂尔多斯四大油气上产基地，推动常规天然气产量稳步增加，页岩气、煤层气较快发展。探索湖北宜昌等地区页岩气商业化开发。加快推进煤层气（煤矿瓦斯）规模化开发利用，落实低产井改造方案。推动吉木萨尔等页岩油项目开发取得突破。

表 3-5（续 3）

发布（修订）时间	政策名称	内容
2019.2	《石油天然气规划管理办法》(2019年修订)	大力提升油气勘探开发力度等工作要求，明确指导思想、基本原则、发展目标、重点任务、产业布局、重大工程，加强科技创新，强化政策支持和措施保障，保障国家能源安全，服务能源结构转型。
2019.1	《产业结构调整指导目录（2019年本）》	将"常规石油、天然气勘探与开采，页岩气、页岩油、致密油、油砂、天然气水合物等非常规资源勘探开发"作为鼓励类行业。
2018.7	《自然资源部 中国工商银行关于促进海洋经济高质量发展的实施意见》	明确将重点支持传统海洋产业改造升级、海洋新兴产业培育壮大、海洋服务业提升、重大涉海基础设施建设、海洋经济绿色发展等重点领域发展，并加强对北部海洋经济圈、东部海洋经济圈、南部海洋经济圈、"一带一路"海上合作的金融支持。

表 3-6 《中华人民共和国船舶登记办法》涉及内容

条款	具体内容
第二条	本办法所称船舶登记，是指船舶登记机关按照《中华人民共和国船舶登记条例》的规定，对船舶所有权、船舶国籍、船舶抵押权、光船租赁、船舶烟囱标志和公司旗进行登记的行为。
第三条	下列船舶的登记适用本办法： （一）在中华人民共和国境内有住所或者主要营业所的中国公民所有或者光船租赁的船舶； （二）依据中华人民共和国法律设立的主要营业所在中华人民共和国境内法人所有或者光船租赁的船舶。但是，在该法人的注册资本中有外商出资的，中方投资人的出资额不得低于百分之五十； （三）外商出资额超过百分之五十的中国企业法人仅供本企业内部生产使用，不从事水路运输经营的趸船、浮船坞； （四）中华人民共和国政府公务船舶和事业法人、社团法人和其他组织所有或者光船租赁的船舶； （五）在自由贸易试验区注册的企业法人所有或者光船租赁的船舶。 军事船舶、渔业船舶和体育运动船艇的登记依照有关法规的规定办理。

表 3-6（续 1）

条款	具体内容
第五条	……融资租赁的船舶，可以由租赁双方依其约定，在出租人或者承租人住所地或者主要营业所所在地就近选择船舶登记港。……
第十七条	…… （九）船舶光船租赁的，应当载明光船承租人名称、地址及其法定代表人姓名； ……
第二十条	船舶抵押权登记证书、光船租赁登记证书遗失或者灭失的，持证人应当向船籍港船舶登记机关报告。船舶登记机关应当予以公告，声明原证书作废。
第二十五条	船舶申请登记前，应当按照下列规定申请核定船名： （一）现有船舶，由船舶所有人或者光船租赁外国籍船舶的承租人向拟申请登记地船舶登记机关申请； ……
第三十三条	本办法第三十二条规定提交的船舶所有权取得证明材料，应当满足下列情形之一： …… （八）因融资租赁取得船舶所有权的，提交船舶融资租赁合同和交接文件； ……
第三十九条	船舶国籍证书有效期为 5 年，但下列情形除外： …… （二）光船租赁船舶国籍证书的有效期与光船租赁期限相同，但最长不超过 5 年。
第四十八条	申请办理船舶抵押权登记，应当提交以下材料： …… （四）已办理光船租赁登记的船舶，承租人同意船舶抵押的证明文件。 ……

表 3-6（续 2）

条款	具体内容
第五十四条	申请办理光船租赁登记或者光船租赁注销登记，应当按照下列规定提出： （一）中国籍船舶以光船条件出租给本国企业或者公民的，由船舶出租人和承租人共同向船籍港船舶登记机关申请； （二）中国企业以光船条件租进外国籍船舶的，由承租人向住所或者主要营业所所在地船舶登记机关申请； （三）中国籍船舶以光船条件出租境外的，由出租人向船籍港船舶登记机关申请。
第五十五条	船舶在境内出租的，按照《中华人民共和国船舶登记条例》第二十六条的规定办理。 船舶以光船条件出租境外的，按照《中华人民共和国船舶登记条例》第二十七条的规定办理。 以光船条件从境外租进船舶的，按照《中华人民共和国船舶登记条例》第二十八条的规定办理。
第五十六条	光船租赁同时融资租赁的，申请办理光船租赁登记应当提交融资租赁合同。
第五十七条	光船租赁注销登记按照《中华人民共和国船舶登记条例》第四十三条、第四十四条的规定办理。
第五十八条	光船租赁期间，承租人将船舶转租他人，并申请办理光船租赁转租登记的，应当提交出租人同意转租的证明文件。
第五十九条	光船租赁登记项目发生变化的，出租人、承租人应当向船籍港船舶登记机关申请办理变更登记，提交变更项目的证明文件及船舶所有权、光船租赁登记证书。

表 3-7 《关于规范国内船舶融资租赁管理的通知》涉及内容

条款	具体内容
1	本通知所称的国内船舶融资租赁活动，是指船舶承租人以融资租赁方式租用船舶从事国内水路运输的行为。
2	从事国内船舶融资租赁活动的出租人应依法取得国家有关主管机关批准的融资租赁经营资格；承租人应取得交通主管部门批准的国内水路运输经营资格；出租人和承租人之间应按照国家有关规定签定船舶融资租赁合同。
3	按照国家相关法律、法规和我部有关规定，国内船舶融资租赁出租人的企业经济性质属"三资企业"的，其外资比例不得高于50%。承租人以融资租赁方式租用"三资企业"的船舶从事国内水路运输，应事先取得交通运输部的批准。
4	以融资租赁方式新建或购置的船舶，其船舶所有人应为该融资租赁船舶的出租人，船舶经营人应为该融资租赁船舶的承租人，出租人与承租人之间按光船租赁关系办理登记手续。
5	以融资租赁方式在国内新建船舶或进口船舶投入国内水路运输，应由承租人在建造或进口船舶前按有关规定向相应交通主管部门申请办理新增运力手续（客船、液货危险品船应取得新增运力批准文件，普通货船应取得新增运力登记证书），并在申请时注明拟采用融资租赁方式，提供与融资租赁公司的相关协议。有关交通主管部门在同意其新增运力的批准文件或登记证书上应注明采用融资租赁方式及其融资租赁出租人。 船舶建造或进口完毕，船舶出租人和承租人凭新增运力批准文件或登记证书、船舶融资租赁合同及其他材料到海事管理机构办理船舶有关登记手续。取得相关证书后，由船舶承租人办理船舶营运手续。
6	以融资租赁方式（承租人、出租人属"三资企业"的除外）购置具有国内水路运输经营资格的现有船舶投入国内水路运输的，按照我部有关规定不必事先办理新增运力手续。船舶购置完成后，由出租人和承租人凭所购船舶的《船舶营业运输证注销登记证明书》原件、船舶融资租赁合同及其他材料到海事管理机构办理有关登记手续。取得相关证书后，由船舶承租人办理船舶营运手续。
7	对于国内非运输船舶的融资租赁管理，参照本通知精神办理。

CHAPTER 4

第四章

租赁贸易会计制度

第一节
租赁贸易的会计处理

表 4-1　租赁贸易的会计处理

依据	涉及章节	条款内容
《企业会计准则第 21 号——租赁》	第一章 总则	**第二条**　租赁，是指在一定期间内，出租人将资产的使用权让与承租人以获取对价的合同。 **第三条**　本准则适用于所有租赁，但下列各项除外： （一）承租人通过许可使用协议取得的电影、录像、剧本、文稿等版权、专利等项目的权利，以出让、划拨或转让方式取得的土地使用权，适用《企业会计准则第 6 号——无形资产》。 （二）出租人授予的知识产权许可，适用《企业会计准则第 14 号——收入》。 勘探或使用矿产、石油、天然气及类似不可再生资源的租赁，承租人承租生物资产，采用建设经营移交等方式参与公共基础设施建设、运营的特许经营权合同，不适用本准则。
	第三章 承租人的会计处理	**第十四条**　在租赁期开始日，承租人应当对租赁确认使用权资产和租赁负债，应用本准则第三章第三节进行简化处理的短期租赁和低价值资产租赁除外。 使用权资产，是指承租人可在租赁期内使用租赁资产的权利。 租赁期开始日，是指出租人提供租赁资产使其可供承租人使用的起始日期。 **第十五条**　租赁期，是指承租人有权使用租赁资产且不可撤销的期间。 承租人有续租选择权，即有权选择续租该资产，且合理确定将行使该选择权的，租赁期还应当包含续租选择权涵盖的期间。 承租人有终止租赁选择权，即有权选择终止租赁该资产，但合理确定将不会行使该选择权的，租赁期应当包含终止租赁选择权涵盖的期间。 发生承租人可控范围内的重大事件或变化，且影响承租人是否合理确定将行使相应选择权的，承租人应当对其是否合理确定将行使续租选择权、购买选择权或不行使终止租赁选择权进行重新评估。 **第十六条**　使用权资产应当按照成本进行初始计量。该成本包括： （一）租赁负债的初始计量金额； （二）在租赁期开始日或之前支付的租赁付款额，存在租赁激励的，扣除已享受的租赁激励相关金额； （三）承租人发生的初始直接费用；

表 4-1（续 1）

依据	涉及章节	条款内容
《企业会计准则第 21 号——租赁》	第三章 承租人的会计处理	（四）承租人为拆卸及移除租赁资产、复原租赁资产所在场地或将租赁资产恢复至租赁条款约定状态预计将发生的成本。前述成本属于为生产存货而发生的，适用《企业会计准则第 1 号——存货》。 承租人应当按照《企业会计准则第 13 号——或有事项》对本条第（四）项所述成本进行确认和计量。 租赁激励，是指出租人为达成租赁向承租人提供的优惠，包括出租人向承租人支付的与租赁有关的款项、出租人为承租人偿付或承担的成本等。 初始直接费用，是指为达成租赁所发生的增量成本。增量成本是指若企业不取得该租赁，则不会发生的成本。 **第十七条** 租赁负债应当按照租赁期开始日尚未支付的租赁付款额的现值进行初始计量。 在计算租赁付款额的现值时，承租人应当采用租赁内含利率作为折现率；无法确定租赁内含利率的，应当采用承租人增量借款利率作为折现率。 租赁内含利率，是指使出租人的租赁收款额的现值与未担保余值的现值之和等于租赁资产公允价值与出租人的初始直接费用之和的利率。 承租人增量借款利率，是指承租人在类似经济环境下为获得与使用权资产价值接近的资产，在类似期间以类似抵押条件借入资金须支付的利率。 **第十八条** 租赁付款额，是指承租人向出租人支付的与在租赁期内使用租赁资产的权利相关的款项，包括： （一）固定付款额及实质固定付款额，存在租赁激励的，扣除租赁激励相关金额； （二）取决于指数或比率的可变租赁付款额，该款项在初始计量时根据租赁期开始日的指数或比率确定； （三）购买选择权的行权价格，前提是承租人合理确定将行使该选择权； （四）行使终止租赁选择权需支付的款项，前提是租赁期反映出承租人将行使终止租赁选择权； （五）根据承租人提供的担保余值预计应支付的款项。 实质固定付款额，是指在形式上可能包含变量但实质上无法避免的付款额。 可变租赁付款额，是指承租人为取得在租赁期内使用租赁资产的权利，向出租人支付的因租赁期开始日后的事实或情况发生变化（而非时间推移）而变动的款项。取决于指数或比率的可变租赁付款额包括与消费者价格指数挂钩的款项、与基准利率挂钩的款项和为反映市场租金费率变化而变动的款项等。

表 4-1（续 2）

依据	涉及章节	条款内容
《企业会计准则第 21 号——租赁》	第三章 承租人的会计处理	**第十九条**　担保余值，是指与出租人无关的一方向出租人提供担保，保证在租赁结束时租赁资产的价值至少为某指定的金额。 未担保余值，是指租赁资产余值中，出租人无法保证能够实现或仅由与出租人有关的一方予以担保的部分。 **第二十条**　在租赁期开始日后，承租人应当按照本准则第二十一条、第二十二条、第二十七条及第二十九条的规定，采用成本模式对使用权资产进行后续计量。 **第二十一条**　承租人应当参照《企业会计准则第 4 号——固定资产》有关折旧规定，对使用权资产计提折旧。 承租人能够合理确定租赁期届满时取得租赁资产所有权的，应当在租赁资产剩余使用寿命内计提折旧。无法合理确定租赁期届满时能够取得租赁资产所有权的，应当在租赁期与租赁资产剩余使用寿命两者孰短的期间内计提折旧。 **第二十二条**　承租人应当按照《企业会计准则第 8 号——资产减值》的规定，确定使用权资产是否发生减值，并对已识别的减值损失进行会计处理。 **第二十三条**　承租人应当按照固定的周期性利率计算租赁负债在租赁期内各期间的利息费用，并计入当期损益。按照《企业会计准则第 17 号——借款费用》等其他准则规定应当计入相关资产成本的，从其规定。 该周期性利率，是按照本准则第十七条规定所采用的折现率，或者按照本准则第二十五条、二十六条和二十九条规定所采用的修订后的折现率。 **第二十四条**　未纳入租赁负债计量的可变租赁付款额应当在实际发生时计入当期损益。按照《企业会计准则第 1 号——存货》等其他准则规定应当计入相关资产成本的，从其规定。 **第二十五条**　在租赁期开始日后，发生下列情形的，承租人应当重新确定租赁付款额，并按变动后租赁付款额和修订后的折现率计算的现值重新计量租赁负债： （一）因依据本准则第十五条第四款规定，续租选择权或终止租赁选择权的评估结果发生变化，或者前述选择权的实际行使情况与原评估结果不一致等导致租赁期变化的，应当根据新的租赁期重新确定租赁付款额； （二）因依据本准则第十五条第四款规定，购买选择权的评估结果发生变化的，应当根据新的评估结果重新确定租赁付款额。

表 4-1（续 3）

依据	涉及章节	条款内容
《企业会计准则第 21 号——租赁》	第三章 承租人的会计处理	在计算变动后租赁付款额的现值时，承租人应当采用剩余租赁期间的租赁内含利率作为修订后的折现率；无法确定剩余租赁期间的租赁内含利率的，应当采用重估日的承租人增量借款利率作为修订后的折现率。 **第二十六条** 在租赁期开始日后，根据担保余值预计的应付金额发生变动，或者因用于确定租赁付款额的指数或比率变动而导致未来租赁付款额发生变动的，承租人应当按照变动后租赁付款额的现值重新计量租赁负债。在这些情形下，承租人采用的折现率不变；但是，租赁付款额的变动源自浮动利率变动的，使用修订后的折现率。 **第二十七条** 承租人在根据本准则第二十五条、第二十六条或因实质固定付款额变动重新计量租赁负债时，应当相应调整使用权资产的账面价值。使用权资产的账面价值已调减至零，但租赁负债仍需进一步调减的，承租人应当将剩余金额计入当期损益。 **第二十八条** 租赁发生变更且同时符合下列条件的，承租人应当将该租赁变更作为一项单独租赁进行会计处理： （一）该租赁变更通过增加一项或多项租赁资产的使用权而扩大了租赁范围； （二）增加的对价与租赁范围扩大部分的单独价格按该合同情况调整后的金额相当。 租赁变更，是指原合同条款之外的租赁范围、租赁对价、租赁期限的变更，包括增加或终止一项或多项租赁资产的使用权，延长或缩短合同规定的租赁期等。 **第二十九条** 租赁变更未作为一项单独租赁进行会计处理的，在租赁变更生效日，承租人应当按照本准则第九条至第十二条的规定分摊变更后合同的对价，按照本准则第十五条的规定重新确定租赁期，并按照变更后租赁付款额和修订后的折现率计算的现值重新计量租赁负债。在计算变更后租赁付款额的现值时，承租人应当采用剩余租赁期间的租赁内含利率作为修订后的折现率；无法确定剩余租赁期间的租赁内含利率的，应当采用租赁变更生效日的承租人增量借款利率作为修订后的折现率。租赁变更生效日，是指双方就租赁变更达成一致的日期。租赁变更导致租赁范围缩小或租赁期缩短的，承租人应当相应调减使用权资产的账面价值，并将部分终止或完全终止租赁的相关利得或损失计入当期损益。其他租赁变更导致租赁负债重新计量的，承租人应当相应调整使用权资产的账面价值。

表 4-1（续 4）

依据	涉及章节	条款内容
《企业会计准则第 21 号——租赁》	第四章 出租人的会计处理	**第三十五条**　出租人应当在租赁开始日将租赁分为融资租赁和经营租赁。租赁开始日，是指租赁合同签署日与租赁各方就主要租赁条款作出承诺日中的较早者。 融资租赁，是指实质上转移了与租赁资产所有权有关的几乎全部风险和报酬的租赁。其所有权最终可能转移，也可能不转移。 经营租赁，是指除融资租赁以外的其他租赁。 在租赁开始日后，出租人无须对租赁的分类进行重新评估，除非发生租赁变更。租赁资产预计使用寿命、预计余值等会计估计变更或发生承租人违约等情况变化的，出租人不对租赁的分类进行重新评估。 **第三十六条**　一项租赁属于融资租赁还是经营租赁取决于交易的实质，而不是合同的形式。如果一项租赁实质上转移了与租赁资产所有权有关的几乎全部风险和报酬，出租人应当将该项租赁分类为融资租赁。 一项租赁存在下列一种或多种情形的，通常分类为融资租赁： （一）在租赁期届满时，租赁资产的所有权转移给承租人。 （二）承租人有购买租赁资产的选择权，所订立的购买价款与预计行使选择权时租赁资产的公允价值相比足够低，因而在租赁开始日就可以合理确定承租人将行使该选择权。 （三）资产的所有权虽然不转移，但租赁期占租赁资产使用寿命的大部分。 （四）在租赁开始日，租赁收款额的现值几乎相当于租赁资产的公允价值。 （五）租赁资产性质特殊，如果不作较大改造，只有承租人才能使用。 一项租赁存在下列一项或多项迹象的，也可能分类为融资租赁： （一）若承租人撤销租赁，撤销租赁对出租人造成的损失由承租人承担。 （二）资产余值的公允价值波动所产生的利得或损失归属于承租人。 （三）承租人有能力以远低于市场水平的租金继续租赁至下一期间。 **第三十七条**　转租出租人应当基于原租赁产生的使用权资产，而不是原租赁的标的资产，对转租赁进行分类。 但是，原租赁为短期租赁，且转租出租人应用本准则第三十二条对原租赁进行简化处理的，转租出租人应当将该转租赁分类为经营租赁。 **第三十八条**　在租赁期开始日，出租人应当对融资租赁确认应收融资租赁款，并终止确认融资租赁资产。 出租人对应收融资租赁款进行初始计量时，应当以租赁投资净额作为应收融资租赁款的入账价值。

表 4-1（续 5）

依据	涉及章节	条款内容
《企业会计准则第 21 号——租赁》	第四章 出租人的会计处理	租赁投资净额为未担保余值和租赁期开始日尚未收到的租赁收款额按照租赁内含利率折现的现值之和。 租赁收款额，是指出租人因让渡在租赁期内使用租赁资产的权利而应向承租人收取的款项，包括： （一）承租人需支付的固定付款额及实质固定付款额，存在租赁激励的，扣除租赁激励相关金额； （二）取决于指数或比率的可变租赁付款额，该款项在初始计量时根据租赁期开始日的指数或比率确定； （三）购买选择权的行权价格，前提是合理确定承租人将行使该选择权； （四）承租人行使终止租赁选择权需支付的款项，前提是租赁期反映出承租人将行使终止租赁选择权； （五）由承租人、与承租人有关的一方以及有经济能力履行担保义务的独立第三方向出租人提供的担保余值。 在转租的情况下，若转租的租赁内含利率无法确定，转租出租人可采用原租赁的折现率（根据与转租有关的初始直接费用进行调整）计量转租投资净额。 **第三十九条** 出租人应当按照固定的周期性利率计算并确认租赁期内各个期间的利息收入。该周期性利率，是按照本准则第三十八条规定所采用的折现率，或者按照本准则第四十四条规定所采用的修订后的折现率。 **第四十条** 出租人应当按照《企业会计准则第 22 号——金融工具确认和计量》和《企业会计准则第 23 号——金融资产转移》的规定，对应收融资租赁款的终止确认和减值进行会计处理。 出租人将应收融资租赁款或其所在的处置组划分为持有待售类别的，应当按照《企业会计准则第 42 号——持有待售的非流动资产、处置组和终止经营》进行会计处理。 **第四十一条** 出租人取得的未纳入租赁投资净额计量的可变租赁付款额应当在实际发生时计入当期损益。 **第四十二条** 生产商或经销商作为出租人的融资租赁，在租赁期开始日，该出租人应当按照租赁资产公允价值与租赁收款额按市场利率折现的现值两者孰低确认收入，并按照租赁资产账面价值扣除未担保余值的现值后的余额结转销售成本。 生产商或经销商出租人为取得融资租赁发生的成本，应当在租赁期开始日计入当期损益。

表 4-1（续 6）

依据	涉及章节	条款内容
《企业会计准则第 21 号——租赁》	第四章 出租人的会计处理	**第四十三条** 融资租赁发生变更且同时符合下列条件的，出租人应当将该变更作为一项单独租赁进行会计处理： （一）该变更通过增加一项或多项租赁资产的使用权而扩大了租赁范围； （二）增加的对价与租赁范围扩大部分的单独价格按该合同情况调整后的金额相当。 **第四十四条** 融资租赁的变更未作为一项单独租赁进行会计处理的，出租人应当分别下列情形对变更后的租赁进行处理： （一）假如变更在租赁开始日生效，该租赁会被分类为经营租赁的，出租人应当自租赁变更生效日开始将其作为一项新租赁进行会计处理，并以租赁变更生效日前的租赁投资净额作为租赁资产的账面价值； （二）假如变更在租赁开始日生效，该租赁会被分类为融资租赁的，出租人应当按照《企业会计准则第 22 号——金融工具确认和计量》关于修改或重新议定合同的规定进行会计处理。 **第四十五条** 在租赁期内各个期间，出租人应当采用直线法或其他系统合理的方法，将经营租赁的租赁收款额确认为租金收入。其他系统合理的方法能够更好地反映因使用租赁资产所产生经济利益的消耗模式的，出租人应当采用该方法。 **第四十六条** 出租人发生的与经营租赁有关的初始直接费用应当资本化，在租赁期内按照与租金收入确认相同的基础进行分摊，分期计入当期损益。 **第四十七条** 对于经营租赁资产中的固定资产，出租人应当采用类似资产的折旧政策计提折旧；对于其他经营租赁资产，应当根据该资产适用的企业会计准则，采用系统合理的方法进行摊销。 出租人应当按照《企业会计准则第 8 号——资产减值》的规定，确定经营租赁资产是否发生减值，并进行相应会计处理。 **第四十八条** 出租人取得的与经营租赁有关的未计入租赁收款额的可变租赁付款额，应当在实际发生时计入当期损益。 **第四十九条** 经营租赁发生变更的，出租人应当自变更生效日起将其作为一项新租赁进行会计处理，与变更前租赁有关的预收或应收租赁收款额应当视为新租赁的收款额。
	第五章 售后租回交易	**第五十条** 承租人和出租人应当按照《企业会计准则第 14 号——收入》的规定，评估确定售后租回交易中的资产转让是否属于销售。

表 4-1（续 7）

依据	涉及章节	条款内容
《企业会计准则第 21 号——租赁》	第五章 售后租回交易	**第五十一条** 售后租回交易中的资产转让属于销售的，承租人应当按原资产账面价值中与租回获得的使用权有关的部分，计量售后租回所形成的使用权资产，并仅就转让至出租人的权利确认相关利得或损失；出租人应当根据其他适用的企业会计准则对资产购买进行会计处理，并根据本准则对资产出租进行会计处理。 如果销售对价的公允价值与资产的公允价值不同，或者出租人未按市场价格收取租金，则企业应当将销售对价低于市场价格的款项作为预付租金进行会计处理，将高于市场价格的款项作为出租人向承租人提供的额外融资进行会计处理；同时，承租人按照公允价值调整相关销售利得或损失，出租人按市场价格调整租金收入。 在进行上述调整时，企业应当基于以下两者中更易于确定的项目：销售对价的公允价值与资产公允价值之间的差额、租赁合同中付款额的现值与按租赁市价计算的付款额现值之间的差额。 **第五十二条** 售后租回交易中的资产转让不属于销售的，承租人应当继续确认被转让资产，同时确认一项与转让收入等额的金融负债，并按照《企业会计准则第 22 号——金融工具确认和计量》对该金融负债进行会计处理；出租人不确认被转让资产，但应当确认一项与转让收入等额的金融资产，并按照《企业会计准则第 22 号——金融工具确认和计量》对该金融资产进行会计处理。

第二节
会计制度的主要变化

一、新增租赁的识别、分拆及合并等相关原则

> 新租赁会计准则要求承租人在资产负债表中确认经营性租赁的相关权利和义务，并对租赁的识别制定了相关的指导性原则，对同时包含租赁和非租赁部分的合同的分拆及合同对价分摊、租赁的合并等也做出了明确规定。

二、承租人会计处理由双重模型修改为单一模型

> 原租赁会计准则下，承租人业务分为经营性租赁和融资性租赁。对识别为经营性租赁的，承租人不确认相关资产和负债。新租赁会计准则要求承租人对除短期租赁和低价值资产租赁以外的所有租赁确认使用权资产和租赁负债，并分别确认折旧和利息费用，即采用与原租赁会计准则下融资性租赁会计处理类似的单一模型。

三、完善与租赁有关的信息披露要求

> 在承租人方面，对租赁相关的使用权资产、租赁负债、折旧和利息、现金流出等在财务报表中的列示做出了明确规范。在出租人方面，主要增加了出租人对其所保留的租赁资产相关权利进行风险管理的情况，融资性租赁的销售损益、融资收益、经营性租赁的租赁收入等的信息披露要求。

第三节
会计制度变化的影响分析

一、对财务信息的影响

> 一是提高承租人的资产负债率。新租赁会计准则要求承租人将经营性租赁资本化。在取得一项经营性租赁资产时,承租人需要在资产负债表内同时确认使用权资产和租赁负债,这通常会导致承租人资本结构发生变动,同时提高资产负债率。
>
> 二是财务指标恶化。承租人资产负债率的提高会导致其资产周转率、资产回报率等财务指标恶化,这些财务指标的恶化又会导致企业营运能力降低,加大融资成本以及融资难度。
>
> 三是利润前少后多,现金流不变。在利润和现金流的影响方面,由于在整个租金支付期内对使用权资产按直线法计提折旧,对租赁负债则按摊余成本计算利息费用,利息费用前多后少。因此,在新租赁会计准则下,租赁协议前期承租人成本上升,利润会下降,后期利润会增加。由于新租赁会计准则只是账务核算方式的改变,所以承租人的现金流不会发生变化。

二、对业务决策的影响

> 新租赁会计准则下,由于企业不能依靠经营性租赁实现表外融资,会显著影响企业"购买资产还是租赁资产"的业务决策,承租人会更多通过购买的方式取得资产。

三、对企业成本的影响

新租赁会计准则需要结合每项合同进行单独评估、测算，需要做出更多的诸如重估租赁负债中的选择权问题、租期问题等专业化判断，承租人核算成本会有所上升。由于新租赁准则会显著改变企业的各项财务指标，其考核评价指标也需要进行及时调整，其管理成本会出现一定程度的增加。

新租赁准则要求承租人采用单一会计模型，不再区分经营性租赁与融资性租赁，但同时保留了出租人双重会计模型，仍然要区分经营性租赁与融资性租赁。其主要原因在于，承租人除了短期租赁和低价值资产租赁基于重要性原则可以变通豁免以外，其他租赁均需资本化，这是强调"对资产使用权的控制"作为确认资产的标准，同时避免通过经营性租赁的方式将融资移到表外。

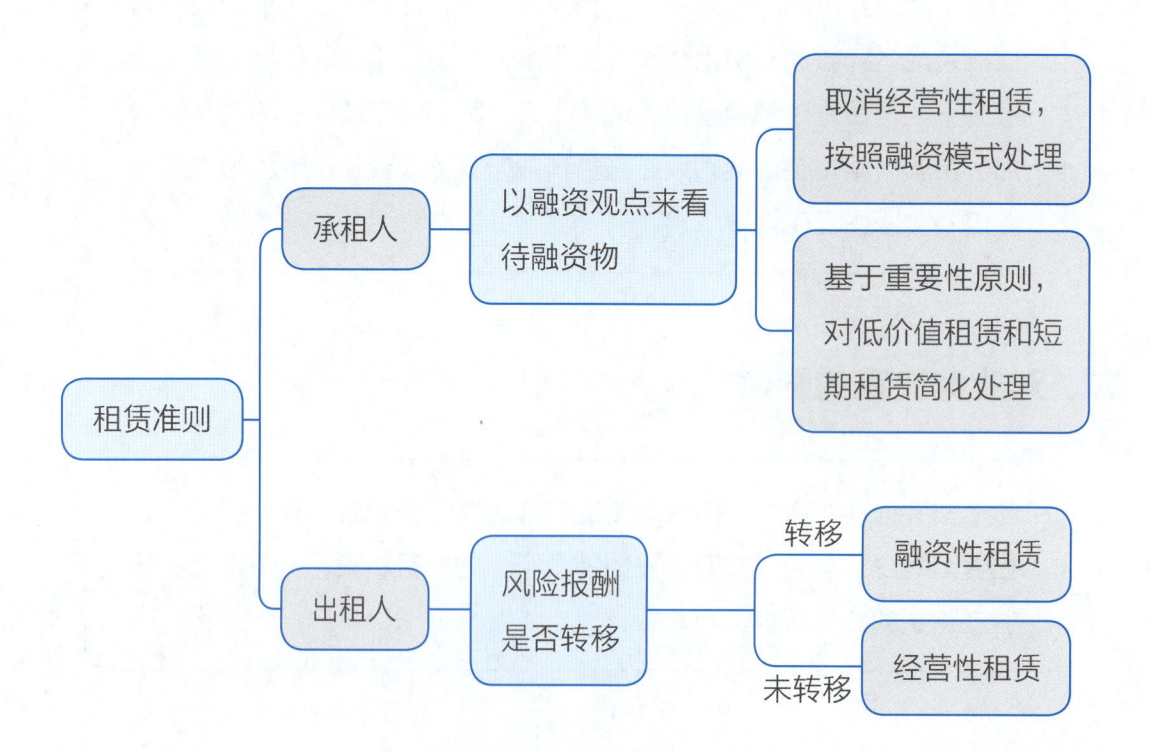

租赁准则
- 承租人 — 以融资观点来看待融资物
  - 取消经营性租赁，按照融资模式处理
  - 基于重要性原则，对低价值租赁和短期租赁简化处理
- 出租人 — 风险报酬是否转移
  - 转移 → 融资性租赁
  - 未转移 → 经营性租赁

CHAPTER 5

第五章

租赁贸易海关审价

第一节
租赁贸易审价依据

从海关审价意义层面来看，租赁贸易核心问题在于：租赁贸易中，货物所有权与使用权是分离的，在货物实际申报进口时，进口商获得的一般是货物的使用权，而货物的所有权一般仍归境外出租人所有。

根据海关审价中关于成交价格的定义，租赁贸易这种贸易形式不存在成交价格，海关不能接受其申报价格，而应采用其他方法进行审价。

我国海关明确规定租赁货物应以租金总额为基础确定完税价格，同时赋予进口商一项选择权，即一次性缴清税款或是按租赁期限分批缴纳。

对此，世界贸易组织（WTO）也做出专门规定，即《WTO 估价协定》的成交价格方法不适用于租赁贸易。

一、租赁贸易与成交价格的关系

在《WTO 估价协定》中，"成交价格"的定义为："进口货物的成交价格是指货物出口销售至进口国时，依照第八条的规定进行调整后的实付或应付的价格。"

《WTO 估价协定》并没有明确定义"销售"的概念，而是留待各国国内立法自行决定。

在《中华人民共和国民法典》中，"买卖合同"的定义为："买卖合同是出卖人转移标的物的所有权于买受人，买受人支付价款的合同。"因此，一项交易属于"销售"应同时具备两个条件：一是所有权发生转移；二是买方支付对价。此外，根据对国际贸易发展的总结，一项公平的销售行为的发生还应带来货物风险的转移，这里说的风险包括货物灭失的风险和货物损益的风险。如果一项交易不能导致前述 3 个条件同时发生，则销售不存在，因此对于租赁贸易不能使用成交价格方法审价，而应采用其他方法审价。

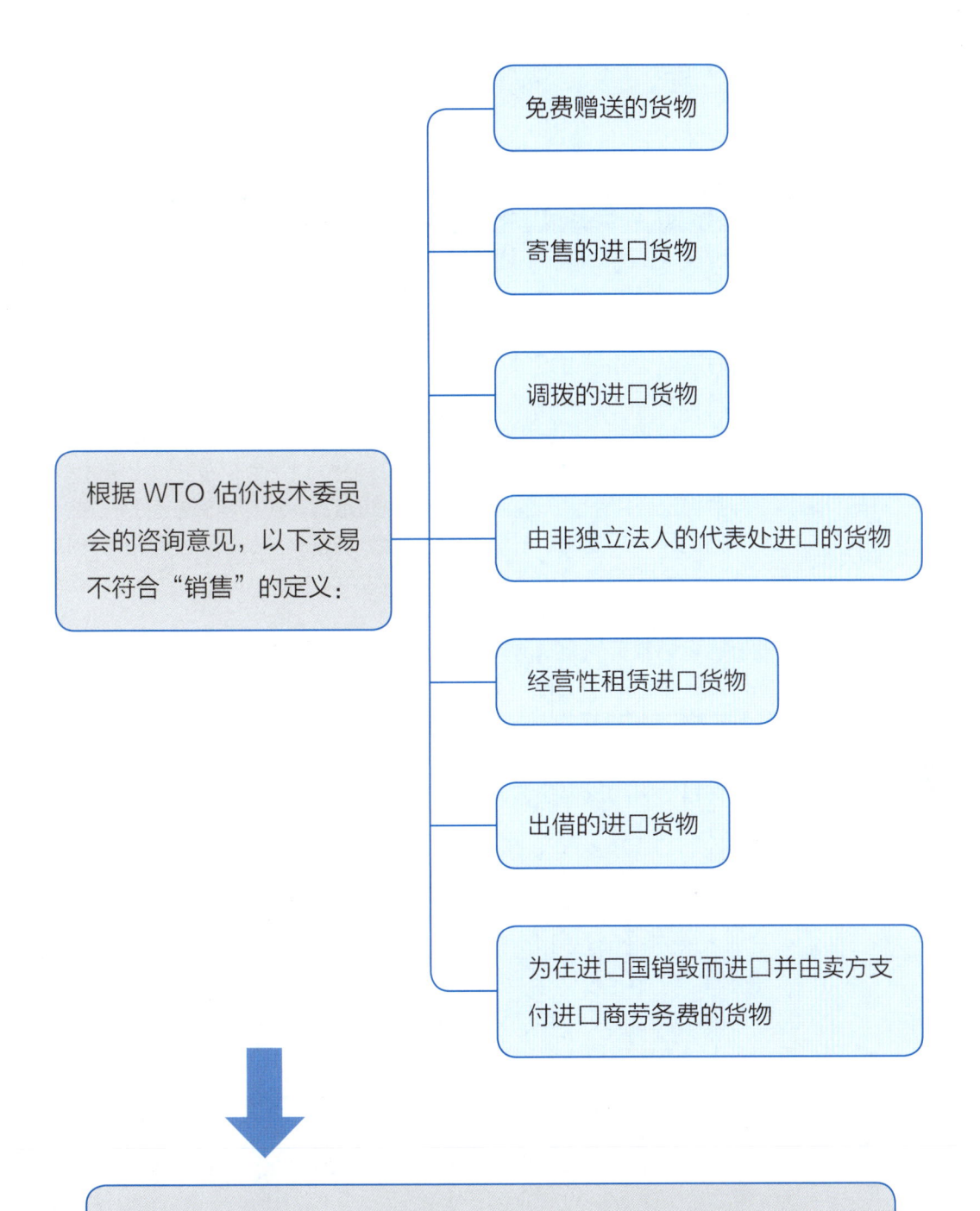

根据 WTO 估价技术委员会的咨询意见，以下交易不符合"销售"的定义：
- 免费赠送的货物
- 寄售的进口货物
- 调拨的进口货物
- 由非独立法人的代表处进口的货物
- 经营性租赁进口货物
- 出借的进口货物
- 为在进口国销毁而进口并由卖方支付进口商劳务费的货物

由于租赁贸易中存在货物所有权与使用权分离的事实，不符合"销售"定义中所有权发生转移的必需条件，这导致海关不能使用成交价格方法对租赁贸易进行审价。

二、世界贸易组织（WTO）关于租赁交易的具体规定

表 5-1　《WTO 估计协定》关于租赁交易的规定

依据	条款	具体内容
《WTO估价协定》	咨询性意见 1.1 "销售"概念	海关估价技术委员会提出下述意见： …… （1）《关于实施 1994 年关税及贸易总协定第 7 条的协定》（以下简称本《协定》）未规定"销售"的定义。第 1 条第 1 款仅规定了满足某些要求和条件的具体商业运作。 （2）然而，根据本《协定》的基本意图，即应尽可能使用进口货物的成交价格进行海关估价，只有最广义地理解"销售"一词，亦即应按第 1 条和第 8 条的规定合并理解从而加以确定，方可取得解释和实施方面的一致性。 （3）有益的是，需要制定一份不能被视为构成符合第 1 条和第 8 条一并要求条件的销售案例清单。在这些案例中，所使用的估价方法当然应根据本《协定》规定的先后次序加以确定。 根据上述意见制定的案例清单随附于后。这份清单并非是详尽无遗的，还须依据实践经验加以补充。 "进口货物不属销售标的物的情况清单" 五、按租借或租赁合同进口的货物 即使合同包括购买货物的选择权，租借或租赁交易就其本质而言，不构成销售交易。
	研究 2.1 对租借或租赁货物的处理	六、以出借方式提供，但货物的所有权仍属出借方 有时，货物（通常是机械）由货主出借给客户。这类交易不属于销售交易。 1. 成交价格以进口货物出口销售到进口国的实付或应付价格为基础，是本《协定》下的首要估价方法。 2. 在咨询性意见 1.1 "本《协定》中的'销售'概念"中指出，即使合同包括购买货物的选择权，就租借或租赁交易本质而言，也不构成销售。因此对此类情况，成交价格方法并不适用，须按照本《协定》规定的顺序，采用其他估价方法。 3. 当存在与租借或租赁货物相同或相似货物出口销售到进口国时，本《协定》第 2 条或第 3 条的估价方法可能适用。 4. 如果本《协定》第 2 条和第 3 条也不适用，接下来就必须考虑第 5 条。但由于租借或租赁的货物实际上并不是在进口国内销售，因此在相同或类似货物在进口国有销售的情况下，才能适用第 5 条。如果第 5 条仍不适用，就有必要采用本《协定》第 6 条确定完税价格。

表 5-1（续 1）

依据	条款	具体内容
《WTO估价协定》	研究 21 对租借或租赁货物的处理	5. 一旦本《协定》第 2 条至第 6 条均不可能适用，就必须采用第 7 条项下的各种可能存在的方法进行估价。 6. 采用本《协定》第 7 条估价时，应首先按照第 1 条至第 6 条的顺序，利用合理灵活的方法进行估价。在此方面，应注意技术委员会有关实施第 7 条的法律文书（咨询性意见 12.1、12.2 和 12.3）以及发表过的有关具体实施第 7 条的文件。 7. 如果按照本《协定》第 7 条的规定，按顺序采用第 1 条至第 6 条的估价方法也无法确定海关估价时，可以使用属于本条第 2 款范围之内的、与本《协定》和《关于实施 1994 年关税及贸易总协定第 7 条的协定》的原则和总则相一致的其他合理方法进行估价。 8. 例如，估价可以基于出口到进口国的有效（新的或使用过）的货物价格清单。在被估货物已被使用的案例中，首先考虑使用的是使用过的货物的有效价格清单。如果没有，也可以使用新货物的价格清单。但是由于在确定进口货物的海关估价时考虑到进口货物进口时的状态，因此在采用新货物的价格清单时，必须将被估货物的折旧情况和报废等因素一并考虑进去。 9. 另一种办法就是请教估价专家，以求得海关和进口商均能接受的价格。用此方法确定的价格应符合本《协定》第 7 条的规定。 10. 在一些案例中，租赁合同中通常包括购买选择权。这种选择权的授予可能在合同初期，也可能在执行期，还可能在合同末期。在第一个情况中，海关估价应建立在选择性价格的基础上。在后两个情况中，海关估价应以租赁合同中的租金加上附加费用为基础。 11. 在没有购买选择权的案例中，按本《协定》第 7 条的估价应以进口货物实付或应付的租赁费用为基础。这样，货物经济寿命期内的累计租赁费用可能成为估价的基础。另外，需要注意的是在某些案例中分期（在经济寿命期内）支付的租金要比一次性支付的租金高。 12. 有时，确定货物的经济寿命常会遇到一些实际的问题。比如在技术变革率很高的行业中，用以往有关相同或相似货物经济寿命的经验或许没用。在大多数案例中，通常采用的解决办法是向专业进口公司进行咨询。另外应指出的是，新货物和使用过的货物的经济寿命是不同的，比如对于新货物而言，我们使用的是"全寿命期"，而对于使用过的货物而言，我们使用的是"剩余的寿命期"。

表 5-1（续 2）

依据	条款	具体内容
《WTO估价协定》	研究21 对租借或租赁货物的处理	13. 一旦确定了全部的租赁费用，可能就有必要根据合同条款和本《协定》有关的原则进行费用的调整，或是计入，或是扣除，以确定出完税价格。未包括在租赁费用中的应税项目，但可能成为计入项的也应予以考虑。在此方面，可对照本《协定》第 8 条所列的要素作为参考。在扣减方面，不应计入完税价格的因素都应扣减。 14. 下例即说明以应付租赁费用为基础确定完税价格（第 8 条各项要素忽略不计）。无论合同期多长，此方法均适用。货物在评估的经济寿命内重新出口，如果国内立法允许，关税及其他税费应予退还。 ……

第二节
租赁贸易常见费用审价分析

一、飞机租赁常见费用审价分析

表 5-2　飞机租赁常见费用审价分析

费用名称	费用定义	海关审价分析	参考依据
航材替换免费提供	为确保航材送修期间飞机能够正常运营，维修商提供可用航材给航空公司免费替换使用，航材维修结束后，航空公司将可用航材返还给维修商。整个替换过程中航材所有权不发生转移。	1. 申报暂时进出境货物，按月 1/60 征税 （1）航空公司提供航材替换免费提供操作方式的情况说明； （2）经审核无误，可按照暂时进出境货物按月征收税款。 2. 申报租赁征税，估算租金 （1）航空公司提供航材替换免费提供操作方式的情况说明； （2）航空公司提供租金的估算方式； （3）如参考暂时进出境货物按月 1/60 估算租金，海关可接受申报；否则，航空公司自查提供租金符合航材租赁市场定价的情况说明； （4）审核企业情况说明，对于不符合租赁市场定价，应重新予以审价。 3. 其他 （1）航空公司提供申报方式及申报价格构成的情况说明； （2）审核航空公司申报方式和价格是否合理。	1.《中华人民共和国海关进出口货物征税管理办法》（海关总署令第 124 号）第四十二条； 2.《关于修订飞机经营性租赁审定完税价格有关规定的公告》（海关总署公告 2016 年第 8 号）； 3.《审价办法》（海关总署令第 213 号）第三十一条。

表 5-2（续 1）

费用名称	费用定义	海关审价分析	参考依据
航材替换有偿提供	为确保航材送修期间飞机能够正常运营，维修商收取费用提供可用航材给航空公司替换使用，航材维修结束后，航空公司将可用航材返还给维修商。整个替换过程中航材所有权不发生转移。	1. 申报租赁征税，估算租金 （1）航空公司提供航材替换有偿提供操作方式的情况说明； （2）航空公司提供租金的估算方式； （3）如参考暂时进出境货物按月1/60估算租金，海关可接受申报；否则，航空公司自查提供租金符合航材租赁市场定价的情况说明； （4）审核企业情况说明，对于不符合租赁市场定价，应重新予以估价。 2. 申报租赁征税，与发票金额一致 （1）航空公司提供航材替换有偿提供操作方式的情况说明，特别需要说明是否存在维修商免去部分收费项目或减免收费金额的情况； （2）航空公司自查，并提供租金符合航材租赁市场定价的情况说明； （3）审核企业情况说明，对于不符合租赁市场定价，应重新予以估价。 3. 其他 （1）航空公司提供申报方式及申报价格构成的情况说明； （2）审核航空公司申报方式和价格是否合理。	1.《中华人民共和国海关进出口货物征税管理办法》（海关总署令第124号）第四十二条； 2.《关于修订飞机经营性租赁审定完税价格有关规定的公告》（海关总署公告2016年第8号）； 3.《审价办法》（海关总署令第213号）第三十一条。

表 5-2（续 2）

费用名称	费用定义	海关审价分析	参考依据
飞机选型协助	飞机选型协助是指在 BFE 选型过程中，航空公司将在 BFE 选型供应商获得的材料、部件、工具、设计方案等货物或服务，以免费或低于成本方式提供给飞机制造商的行为。BFE 选型是指买家根据自己的需求选择相应的定制设备。与之对应的是 SFE 选型，即卖家指定设备选型。	1. 已向海关申报免费或低于成本提供的货物或服务价值 （1）航空公司提供飞机选型协助项目清单及已向海关申报免费或低于成本提供货物或服务价值的情况说明，特别注明是否有 BFE 选型供应商免费赠送并且在飞机进口时已完成安装的情况； （2）审核材料，确定包括 BFE 选型供应商免费赠送并且在飞机进口时已完成安装的货物已全额纳税。 2. 未向海关申报免费或低于成本提供的货物或服务价值 （1）航空公司提供飞机选型协助项目清单及已向海关申报免费或低于成本提供货物或服务价值的情况说明，特别注明是否有 BFE 选型供应商免费赠送并且在飞机进口时已完成安装的情况； （2）审核材料，对免费或低于成本提供的货物价值及境外设计费进行补税，选型供应商免费赠送并且在飞机进口时已完成安装的材料、部件、工具、设计方案等需估定价格后补税。	《审价办法》（海关总署令第 213 号）第六条、第十一条、第十二条。

表 5-2（续 3）

费用名称	费用定义	海关审价分析	参考依据
飞机加改装协助	飞机加改装协助是指在飞机加改装过程中，航空公司将在加改装供应商获得的材料、部件、工具、设计方案等货物或服务，以免费或低于成本方式提供给改装方的行为。 飞机加改装是指改装方应航空公司要求，在满足适航资格的基础上对飞机外观、功能、内饰、结构等方面进行加装或改装的操作过程。常见有客机改货机、公务机定制服务等。 加改装供应商是指为航空公司提供飞机加改装所需材料、部件、工具、设计方案等货物或服务的供应商，可以是改装方也可以是第三方。	1. 已向海关申报免费或低于成本提供的货物或服务价值 （1）航空公司提供飞机加改装协助项目清单及已向海关申报免费或低于成本提供货物或服务价值的情况说明，特别注明是否有加改装供应商免费赠送并且在飞机进口时已完成安装的情况； （2）审核材料，确定包括加改装供应商免费赠送并且在飞机进口时已完成安装的货物已全额纳税。 2. 未向海关申报免费或低于成本提供的货物或服务价值 （1）航空公司提供飞机加改装协助项目清单及已向海关申报免费或低于成本提供货物或服务价值的情况说明，特别注明是否有加改装供应商免费赠送并且在飞机进口时已完成安装的情况； （2）审核材料，对免费或低于成本提供的货物价值及境外设计费进行补税，加改装供应商免费赠送并且在飞机进口时已完成安装的材料、部件、工具、设计方案等需估定价格后补税。	《审价办法》（海关总署令第 213 号）第六条、第十一条、第十二条。

表 5-2（续 4）

费用名称	费用定义	海关审价分析	参考依据
航材限定数量折扣	航材限定数量折扣是指航材制造商为吸引航空公司采购航材，提供限定数量高折扣航材，在采购达到优惠限定数量后恢复正常采购价格。	1. 按目录价格申报 （1）航空公司提供限定数量折扣涉及商品、合同等基础信息及按目录价格申报的情况说明； （2）经审核无误，可按目录价格征收税款。 （目录价格是指航材制造商在一定周期内针对航空公司公布的采购价格，不同航空公司获得的目录价格不尽相同，通常时间周期为一年且价格相对固定） （3）经审核无误，可按正常采购价格征收税款。 3. 按发票价格申报 （1）航空公司提供限定数量折扣涉及商品、合同等基础信息及按发票价格申报的情况说明； （2）航空公司提供申报价格与正常采购价格或目录价格对比表格； （3）审核差异，对于未按正常采购价格申报的限定数量商品履行审价程序； （4）依法履行价格质疑和磋商程序，依次使用相同、类似、倒扣、计算、合理方法，审定涉及限定数量折扣商品的完税价格。	《审价办法》（海关总署令第213号）第六条、第八条。

表 5-2（续 5）

费用名称	费用定义	海关审价分析	参考依据
航材补偿折扣	航材补偿折扣是指航材供应商因之前销售航材的质量、设计等方面未达到双方协商的标准，而给予航空公司带有赔偿或补偿性质的折扣。该航材的折扣幅度通常很大，折后价格大幅低于正常采购的价格。正常采购价格是航空公司遵循公平交易原则，经过充分竞争而获得的价格。该价格不存在除数量折扣以外的任何限制性质、补偿性质及奖励性质的补贴和折扣。	1. 按目录价格申报 （1）航空公司提供补偿折扣涉及商品、合同等基础信息及按目录价格申报的情况说明； （2）经审核无误，可按目录价格征收税款。 2. 按正常采购价格申报 （1）航空公司提供补偿折扣涉及商品、合同等基础信息及按正常采购价格申报的情况说明； （2）经审核无误，可按正常采购价格征收税款。 3. 按发票价格申报 （1）航空公司提供补偿折扣涉及商品、合同等基础信息及按发票价格申报的情况说明； （2）航空公司提供申报价格与正常采购价格或目录价格对比表格； （3）审核差异，对于未按正常采购价格申报的限定数量商品履行估价程序； （4）依法履行价格质疑和磋商程序，依次使用相同、类似、倒扣、计算、合理方法，审定涉及限定数量折扣商品的完税价格。	《审价办法》（海关总署令第213号）第六条、第七条。

表 5-3 飞机经营性租赁常见费用审价分析

费用名称	费用定义	海关审价分析	参考依据
维修检修费	维修检修费是指根据海关总署公告2016年第8号规定，租赁期间发生的由承租人承担的境外维修检修费用。	1. 全额申报纳税 （1）航空公司提供飞机经营性租赁涉及境外维修检修费全额申报纳税的情况说明； （2）审核确定境外维修检修费已全额申报纳税。 2. 部分申报纳税 （1）航空公司提供部分申报的原因和分拆方法； （2）航空公司提供飞机经营性租赁境外维修检修费明细清单； （3）审核维修检修费明细，确定漏报金额，根据海关总署公告2016年第8号要求予以补税。 3. 未申报纳税 （1）航空公司提供飞机经营性租赁境外维修检修费明细清单； （2）审核维修检修费明细，确定漏报金额，根据海关总署公告2016年第8号要求予以补税。	1.《关于修订飞机经营性租赁审定完税价格有关规定的公告》（海关总署公告2016年第8号）； 2.《审价办法》（海关总署令第213号）第二十八条、第三十一条。
退租检修费	退租检修费是指根据海关总署公告2016年第8号规定，在飞机退租时，承租人因未符合飞机租赁贸易中约定的交还飞机条件而向出租人支付的补偿或赔偿费用，或为满足飞机交机条件而开展的维修检修所产生的维修检修费，无论发生在境内或境外。	1. 全额申报纳税 （1）航空公司提供飞机经营性租赁涉及退租检修费全额申报纳税的情况说明； （2）审核确定退租检修费已全额申报纳税。 2. 部分申报纳税 （1）航空公司提供部分申报的原因和分拆方法； （2）航空公司提供飞机经营性租赁退租检修费明细清单； （3）审核维修检修费明细，确定漏报金额（飞机大修在境内进行的，承租人所支付费用发票中单独列明的增值税等境内税收、境内生产的零部件和材料费用及已征税的进口零部件和材料费用不计入完税价格），根据海关总署公告2016年第8号要求予以补税。	1.《关于修订飞机经营性租赁审定完税价格有关规定的公告》（海关总署公告2016年第8号）； 2.《审价办法》（海关总署令第213号）第三十一条。

表 5-3（续 1）

费用名称	费用定义	海关审价分析	参考依据
退租检修费	退租检修费是指根据海关总署公告 2016 年第 8 号规定，在飞机退租时，承租人因未符合飞机租赁贸易中约定的交还飞机条件而向出租人支付的补偿或赔偿费用，或为满足飞机交机条件而开展的维修检修所产生的维修检修费，无论发生在境内或境外。	3. 未申报纳税 （1）航空公司提供飞机经营性租赁退租检修费明细清单； （2）审核退租检修费明细，确定漏报金额（飞机大修在境内进行的，承租人所支付费用发票中单独列明的增值税等境内税收、境内生产的零部件和材料费用及已征税的进口零部件和材料费用不计入完税价格），根据海关总署公告 2016 年第 8 号要求予以补税。	1.《关于修订飞机经营性租赁审定完税价格有关规定的公告》（海关总署公告 2016 年第 8 号）； 2.《审价办法》（海关总署令第 213 号）第三十一条。
维修保证金	这里是指根据海关总署公告 2016 年第 8 号规定，飞机租赁结束后未退还承租人的维修保证金。	1. 全额申报纳税 （1）航空公司提供飞机经营性租赁涉及维修保证金全额申报纳税的情况说明； （2）审核确定维修保证金已全额申报纳税。 2. 部分申报纳税 （1）航空公司提供部分申报的原因和分拆方法； （2）航空公司提供飞机经营性租赁维修保证金明细清单； （3）审核维修保证金明细，确定未退回部分，计算漏报金额，根据海关总署公告 2016 年第 8 号要求予以补税。 3. 未申报纳税 （1）航空公司提供飞机经营性租赁维修保证金明细清单； （2）审核维修保证金明细，确定漏报金额，根据海关总署公告 2016 年第 8 号要求予以补税。	1.《关于修订飞机经营性租赁审定完税价格有关规定的公告》（海关总署 2016 年第 8 号）； 2.《审价办法》（海关总署令第 213 号）第三十一条。

表 5-3（续 2）

费用名称	费用定义	海关审价分析	参考依据
替外方承担的境内税费	替外方承担的境内税费是指出租人为纳税义务人，而由承租人依照合同约定，在合同规定的租金之外另行为出租人承担的预提所得税、营业税、增值税和附加税费。	1. 全额申报纳税 （1）航空公司提供飞机经营性租赁涉及替外方承担的境内税费全额申报纳税的情况说明； （2）审核确定替外方承担的境内税费已全额申报纳税。 2. 部分申报纳税 （1）航空公司提供部分申报的原因和分拆方法； （2）航空公司提供飞机经营性租赁替外方承担的境内税费明细清单； （3）审核替外方承担的境内税费明细，确定漏报金额，根据海关总署公告 2016 年第 8 号要求予以补税。 3. 未申报纳税 （1）航空公司提供飞机经营性租赁替外方承担的境内税费明细清单； （2）审核替外方承担的境内税费明细，确定漏报金额，根据海关总署公告 2016 年第 8 号要求予以补税。	1.《关于修订飞机经营性租赁审定完税价格有关规定的公告》（海关总署公告 2016 年第 8 号）； 2.《审价办法》（海关总署令第 213 号）第三十一条。
承租方支付的机身、零件保险费	承租方支付的机身、零件保险费是指根据海关总署公告 2016 年第 8 号规定，飞机租赁贸易中约定由承租方支付的与机身、零备件相关的保险费，无论发生在境内或境外。	1. 全额申报纳税 （1）航空公司提供飞机经营性租赁涉及承租方支付的机身、零件保险费全额申报纳税的情况说明； （2）审核确定承租方支付的机身、零件保险费已全额申报纳税。 2. 部分申报纳税 （1）航空公司提供部分申报的原因和分拆方法； （2）航空公司提供飞机经营性租赁保险费明细清单及保险费率； （3）审核保险费明细及保险费率，确定漏报金额，根据海关总署公告 2016 年第 8 号要求予以补税。	1.《关于修订飞机经营性租赁审定完税价格有关规定的公告》（海关总署公告 2016 年第 8 号）；

表 5-3（续 3）

费用名称	费用定义	海关审价分析	参考依据
承租方支付的机身、零件保险费	承租方支付的机身、零件保险费是指根据海关总署公告 2016 年第 8 号规定，飞机租赁贸易中约定由承租方支付的与机身、零备件相关的保险费，无论发生在境内或境外。	3. 未申报纳税 （1）航空公司提供飞机经营性租赁保险费明细清单及保险费率； （2）审核保险费明细及保险费率，确定漏报金额，根据海关总署公告 2016 年第 8 号要求予以补税。	2.《审价办法》（海关总署令第 213 号）第三十一条。

表 5-4　飞机融资性租赁常见费用审价分析表

费用名称	费用定义	海关审价分析	参考依据
手续费	手续费是指出租人为承租人提供融资性租赁服务，并向承租人收取的费用，通常以融资额或租金为基础，按一定比例或固定金额收取。	1. 已向海关申报 （1）航空公司提供融资性租赁手续费申报操作方式的情况说明及明细清单； （2）对照明细确定飞机融资性租赁手续费已全额计征。 2. 一次性完税，未向海关申报 （1）航空公司提供融资性租赁飞机选择一次性完税的情况说明； （2）核实情况，参考"融资性租赁首次进口申报"审核，已选择"参考飞机采购价格申报"一次性完税的融资性租赁飞机，手续费无须计征。 3. 分期支付租金，未向海关申报 （1）以租金形式分期向海关申报纳税的，航空公司提供融资性租赁手续费明细清单； （2）重新估定融资性租赁飞机租金，补征融资性租赁手续费。	《审价办法》（海关总署令第 213 号）第三十一条。

表 5-4（续 1）

费用名称	费用定义	海关审价分析	参考依据
租前息	租前息是指出租人与承租人约定在租赁开始日之前（交付之前）或飞机交付后到融资性租赁银行贷款下发前，对于出租人向供应商支付的预付货款，承租人为此支付的费用，即针对出租人支付的预付款融资向出租人支付的利息。	1. 已向海关申报 （1）航空公司提供融资性租赁租前息申报操作方式的情况说明及明细清单； （2）对照明细确定飞机融资性租赁租前息已全额计征。 2. 一次性完税，未向海关申报 （1）航空公司提供融资性租赁飞机选择一次性完税的情况说明； （2）核实情况，参考"融资性租赁首次进口申报"审核，已选择"参考飞机采购价格申报"一次性完税的融资性租赁飞机，租前息无须计征。 3. 分期支付租金，未向海关申报 （1）以租金形式分期向海关申报纳税的，航空公司提供融资性租赁租前息明细清单； （2）重新估定融资性租赁飞机租金，补征融资性租赁租前息。	《审价办法》（海关总署令第213号）第三十一条。
安排费	安排费类似于融资性租赁手续费及租前息，也是出租人与承租人约定在租赁开始日之前（交付之前）或飞机交付后到融资性租赁银行贷款下发前，承租人为满足承租条件支付给出租人的一种费用。	1. 已向海关申报 （1）航空公司提供融资性租赁安排费申报操作方式的情况说明及明细清单； （2）对照明细确定飞机融资性租赁安排费已全额计征。 2. 一次性完税，未向海关申报 （1）航空公司提供融资性租赁飞机选择一次性完税的情况说明； （2）核实情况，参考"融资性租赁首次进口申报"审核，已选择"参考飞机采购价格申报"一次性完税的融资性租赁飞机，安排费无须计征。 3. 分期支付租金，未向海关申报 （1）以租金形式分期向海关申报纳税的，航空公司提供融资性租赁安排费明细清单； （2）重新估定融资性租赁飞机租金，补征融资性租赁安排费。	《审价办法》（海关总署令第213号）第三十一条。

表 5-4（续 2）

费用名称	费用定义	海关审价分析	参考依据
操作费	操作费类似于融资性租赁手续费及租前息，也是出租人与承租人约定在租赁开始日之前（交付之前）或飞机交付后到融资性租赁银行贷款下发前，承租人为满足承租条件支付给出租人的一种费用。	1. 已向海关申报 （1）航空公司提供融资性租赁操作费申报操作方式的情况说明及明细清单； （2）对照明细确定飞机融资性租赁操作费已全额计征。 2. 一次性完税，未向海关申报 （1）航空公司提供融资性租赁飞机选择一次性完税的情况说明； （2）核实情况，参考"融资性租赁首次进口申报"审核，已选择"参考飞机采购价格申报"一次性完税的融资性租赁飞机，操作费无须计征。 3. 分期支付租金，未向海关申报 （1）以租金形式分期向海关申报纳税的，航空公司提供融资性租赁操作费明细清单； （2）重新估定融资性租赁飞机租金，补征融资性租赁操作费。	《审价办法》（海关总署令第 213 号）第三十一条。
融资性租赁首次进口申报价格	出租人为获得飞机支付的实付或应付价款总额，包括直接支付和间接支付的价款，通常等同于飞机一般贸易进口的价格。	1. 按租金总额申报 （1）航空公司提供按租金总额申报操作方式的情况说明； （2）经审核无误，可按照租金总额申报征税，融资利息和租前息等费用应计入飞机租金。 2. 参考相同或类似等其他价格申报 （1）航空公司提供申报价格构成的情况说明； （2）审核价格是否满足《审价办法》第三十一条要求。 3. 参考飞机采购价格申报 （1）航空公司提供按飞机采购价格申报操作方式的情况说明； （2）需确认是飞机采购价格的全部价款，可按照飞机采购价格征税（飞机采购价格属于合理方法，如能够获得相同或类似货物成交价格等资料，应按照《审价办法》第六条依次使用 5 种估价方法）。	《审价办法》（海关总署令第 213 号）第六条、第三十一条。

二、海工装备租赁常见费用审价分析——以船舶为例

表 5-5　海工装备租赁常见费用审价分析

费用		审价依据	是否计入完税价格
租金相关费用	租金	1. 参照《审价办法》第七条、第三十一条： 第七条　进口货物的成交价格，是指卖方向中华人民共和国境内销售该货物时买方为进口该货物向卖方实付、应付的，并且按照本章第三节的规定调整后的价款总额，包括直接支付的价款和间接支付的价款。 第三十一条　租赁方式进口的货物，按照下列方法审查确定完税价格： （一）以租金方式对外支付的租赁货物，在租赁期间以海关审查确定的租金作为完税价格，利息应当予以计入； （二）留购的租赁货物以海关审查确定的留购价格作为完税价格； （三）纳税义务人申请一次性缴纳税款的，可以选择申请按照本办法第六条列明的方法确定完税价格，或者按照海关审查确定的租金总额作为完税价格。 2. 融资性租赁进口公务机的完税价格应按照《审价办法》第三十一条以及相关规定，以租金为基础审查确定，并重点审核以下款项和费用： （1）租赁本金。海关应重点审核租赁本金的完整性，一般包括购置价格、预付款、留购款（留购保证金）及相关费用等。 （2）利息。利率水平受购机价格、融资比例、租赁期限等因素影响，海关应审查利率水平是否符合行业惯例。 （3）租前息。是指由承租人支付，在起租日之前出租人垫付资金购买而产生的利息，属于租金的组成部分，应计入完税价格。 （4）手续费、管理费等其他费用。出租人向承租人收取的手续费、管理费等，属于租赁成本的一部分，应计入完税价格。 （5）留购价格。审核承租人前期支付的租金与留购价格之和，应与融资协议中约定的购机价款及相关利息之和一致。	应计入租金的完税价格。

表 5-5（续 1）

费用		审价依据	是否计入完税价格
租金产生的其他费用	代扣代缴税费	参照《审价办法》第七条及第三十一条 第七条（略） 第三十一条（略）	应计入租金的完税价格。
船舶租赁期内保险费用	保险费	参照《审价办法》第七条及第三十一条 第七条（略） 第三十一条（略）	1. 船壳险、战争险、保赔险船身、零件的一切险均应计入租金的完税价格。 2. 船舶运营相关的保险不计入租金完税价格。 3. 保单无法区分船身机身、零备件一切险、第三者责任险、运营险等险种保费的，有关保费不计入租金的完税价格。
船舶租赁期内维修费用	维护及保养费	参照《审价办法》第七条、第二十八条及第三十一条 第七条（略） 第二十八条 运往境外修理的机械器具、运输工具或者其他货物，出境时已向海关报明，并且在海关规定的期限内复运进境的，应当以境外修理费和料件费为基础审查确定完税价格。出境修理货物复运进境超过海关规定期限的，由海关按照本办法第二章的规定审查确定完税价格。 第三十一条（略）	应计入租金完税价格。

表 5-5（续 2）

费用		审价依据	是否计入完税价格
船舶交付及退还时产生的费用	船舶交付及退还涉及费用	1. 参照《审价办法》第七条、第二十八条及第三十一条 第七条（略） 第二十八条（略） 第三十一条（略） 2. 一般贸易进口公务机的完税价格按《审价办法》第七条的规定，以基础价格加浮动价格为基础审查确定，并应重点审核装饰费或改装费。属于采购成本的一部分，应计入完税价格。	1. 船舶交付与退还期间，承租人因未符合租赁贸易中约定的交还船舶条件而向出租人支付的补偿或赔偿费用，或为满足船舶交机条件而开展的维修检修所产生的维修检修费，无论发生在境内或境外，均应计入租金完税价格。 2. 船舶交付与退还时，由承租人承担的船舶改装涉及的费用应计入租金完税价格。 3. 船舶登记与注销产生的费用，属于管理费，应计入租金完税价格。
	船舶移泊费	1. 参照《审价办法》第七条、第三十一条、第三十五条 第七条（略） 第三十一条（略） 第三十五条　进口货物的运输及其相关费用，应当按照由买方实际支付或者应当支付的费用计算。如果进口货物的运输及其相关费用无法确定的，海关应当按照该货物进口同期的正常运输成本审查确定。运输工具作为进口货物，利用自身动力进境的，海关在审查确定完税价格时，不再另行计入运输及其相关费用。	买方委托境内托管公司代为验收并行驶至作业区的移泊费，按照《审价办法》第三十五条的规定不再另行计入。
违约涉及的费用	合同的解除和终止	参照《审价办法》第七条、第三十一条 第七条（略） 第三十一条（略）	承租方支付的违约金，应计入租金完税价格。

CHAPTER 6
第六章
海关审价案例解析

第一节
飞机租赁报验状态的审价解析

一、飞机经营性租赁租金案例

（一）基本概况

为了提高运力、扩大机队规模

境内承租人 S 航空公司分别与波音、空客公司签署了 X 架波音 737 客机和 Y 架空客 A320 客机的采购合同。

经过充分的评估与筹划

S 航空公司以售后回租经营性租赁方式从位于天津东疆综合保税区的出租人 SPV A 公司获得了 X 架波音 737 客机的使用权。

S 航空公司与 A 公司签订《购机权转让合同》和《经营性租赁合同》。

根据合同约定，由 A 公司按照 S 航空公司签订的采购合同向波音公司支付购机款，S 航空公司获得飞机所有权后，依据《购机权转让合同》将所有权转让给 A 公司，A 公司再将客机出租给 S 航空公司使用，租赁期满后 S 航空公司按照约定交还条件退租。

承租人 S 航空公司与出租人 A 公司签订租赁合同，双方约定以经营性租赁方式进口飞机，承租人须按时支付每期租金、利息和 3 个月的租金保证金，并承担在飞机起租日之前由出租人垫付资金购买飞机而产生的利息。在向海关申报飞机租赁租金完税价格时，承租人未将上述租金、利息和租金保证金计入完税价格。

（二）租金组成

租金相关要素主要包括：租金价格的基准年份；租金价格，固定或浮动；支付日期，先付 / 后付，季付 / 月付等；币种；首笔租金支付日期；因承租人延迟支付租金而产生的利息；因延迟返还飞机产生的额外租金；起租日一般为实际交付日期；租赁年份；租赁延长选择权；优先购买权；提前终止合同的要求；延迟交付条款等。

（三）贸易流程

对于 S 航空公司以经营性租赁方式进口的 X 架波音 737 客机，主要贸易流程如下：

```
S 航空公司  ——支付购机款——>  飞机制造商
           <——交付飞机——
```

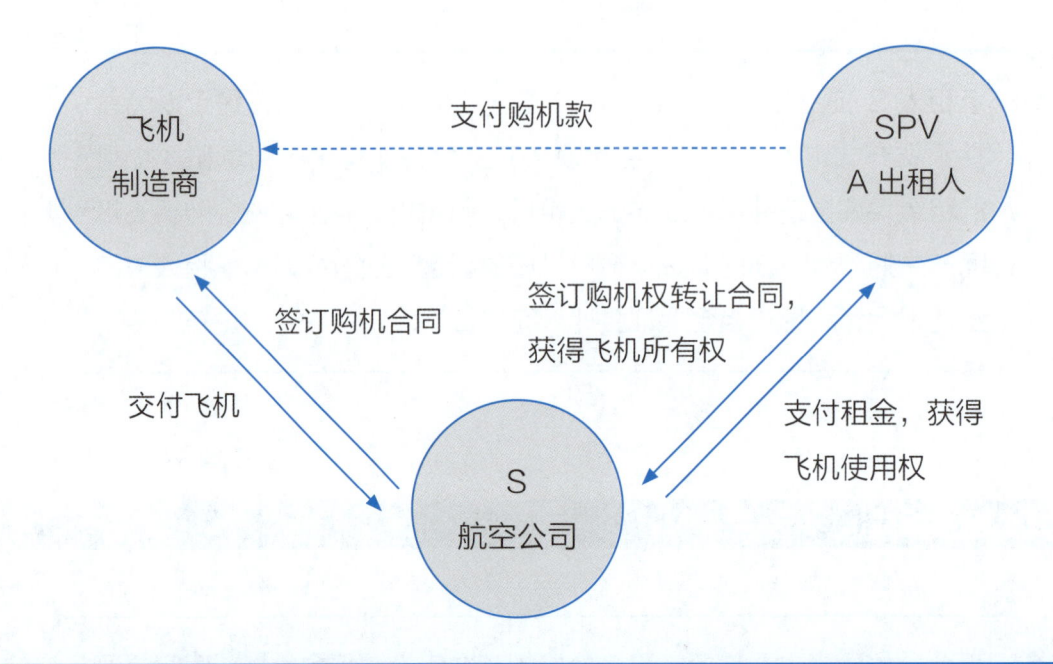

```
飞机制造商 ←---支付购机款--- SPV A 出租人
         ↖签订购机合同       ↗签订购机权转让合同,获得飞机所有权
    交付飞机↓               ↓支付租金,获得飞机使用权
              S 航空公司
```

（四）结论

本案例中，经营性租赁飞机的主要特征是承租人定期向出租人支付租金及利息、保证金，并因支付上述费用获得租赁飞机的使用权。因此，租金应计入该租赁货物的完税价格。

二、飞机经营性租赁维修检修和保险费案例

（一）基本概况

承租人与出租人签订飞机经营性租赁合同，根据合同约定，租赁期间发生的维修检修费用、航材包修费由承租人承担，承租人另行向出租人支付维修保证金。与此同时，承租人还需支付与机身、零备件相关的保险费用。在向海关申报飞机租赁租金完税价格时，承租人未将上述维修检修费用、航材包修费、维修保证金和相关保险费用计入完税价格。

（二）费用类型

1. 维修检修相关费用

- **境外维修检修费**
  按照适航及改装的维修标准，在境外维修检修产生的费用。

- **航材包修费**
  境内航空公司与境外包修服务供应商签订包修合同，由包修服务供应商在包修合同约定范围内，以修理航材或者交换航材的方式提供维修保障服务，境内航空公司按包修合同约定，分期向境外包修服务供应商支付"一揽子"包修费。

- **维修储备金**
  固定数额的大修储备金或浮动的大修储备金，一般情况下为现金保证金形式，对于信用评级高的公司可以接受保函形式。

2. 保险费

保险金额一般为商定价值的 110%～120%，合同约定了保险内容、免赔额、递减保险率、是否由承租人支付和保险的其他要求。

（三）合同约定

1. 维护、修理、检修条款

（1）一般义务

承租人在自己支付成本和费用的情况下，严格遵守相关制造商的要求和经批准的维护方案，确保由经批准的维修执行人员保养、修理、维护、修饰、检修和测试飞机、发动机及所有零件，以使飞机、发动机和所有零件能够使用且处于良好运行状态，并使飞机符合必要条件以确保飞机适航证按照登记国或地区法律存续。

（2）零件更换

承租人必须保持飞机在所有方面的适航性，并使其所有设备、部件和系统均在良好的维修和状态下。承租人必须及时将可能不时磨损、过期、丢失、被盗、毁坏、扣押、没收、损坏无法修复或因任何原因导致不适合使用的所有零件更换为符合合同规定的零件，由此产生的成本和费用由承租人自行承担。

（3）维护储备金的支付

承租人若未及时提供各日历月的月度报告，出租人可向承租人开具该日历月的维护储备金（且承租人应支付）发票，其金额在对该月期间飞机的使用进行预估的基础上由双方确认。可根据相关月度报告的收据对下一个日历月应付的维护储备金进行调整（以反映相关月份的实际使用情况）。

2. 保险费条款

在整个租赁期，承租人应使得下列保单生效并具有完全效力：飞机协定保险价额的综合险投保；备件的完全重置成本基准的综合险投保，包括未安装在飞机上的发动机与零件；舱体和备件战争险及相关事故险，包括战争、劫持及其他事故免责条款以外的事故。

（四）审价依据

根据《关于修订飞机经营性租赁审定完税价格有关规定的公告》（海关总署公告 2016 年第 8 号）

- 租赁期间发生的由承租人承担的境外维修检修费用，按照《审价办法》第二十八条审价征税。

- 飞机租赁结束后未退还承租人的维修保证金，按租金计入完税价格。

- 在飞机租赁贸易中约定由承租人支付的与机身、零备件相关的保险，无论发生在境内或境外，属于间接支付的租金，应计入完税价格。

- 与飞机租赁期间保持正常营运相关的保险费用，不计入完税价格。该公告实施前已支付的保险费用比照该公告第五条办理，但如航空保单无法区分飞机的机身、零备件一切险、第三者责任险、运营险等险种保费的，有关航空保费不计入租金的完税价格。

根据《关于飞机航空器材包修税收征管有关问题的公告》（海关总署公告 2016 年第 6 号）

> 海关对包修合同项下支付的包修费征税，不对实际进出境航材征税。

> 海关按"修理物品"方式对实际进出境航材进行监管，以各期实际进出境航材分摊的包修费为征税对象，征税周期为境内航空公司按照包修合同约定的分期支付包修费周期。

> 境内航空公司应在申报当期包修费纳税手续前，按照以下公式将当期包修费分摊至每项实际进出境航材：当期每项实际进出境航材分摊的包修费 = 当期支付的总包修费 ×（该项航材实际货值 / 当期实际进出境航材总货值）。

（五）结论

境外维修检修费 —— 租赁期间发生的由承租人承担的境外维修检修费用应计入租金完税价格。

维修储备金：租赁结束后未退还承租人的维修保证金（维修储备金），应计入租金的完税价格。

航材包修费：针对航材包修费，按"修理物品"方式对实际进出境航材进行监管，以各期实际进出境航材分摊的包修费为征税对象，征税周期为境内航空公司按照包修合同约定的分期支付包修费周期。

保险费：机身、零备件的一切险均应计入租金的完税价格，运营相关的保险不计入租金完税价格，保单无法区分机身、零备件一切险、第三者责任险、运营险等险种保费的，有关保费不计入租金的完税价格。

三、经营性租赁飞机交付及退还费用案例

（一）基本概况

根据飞机经营性租赁合同，在飞机交付及退还时，承租人需承担以下费用：因未符合约定交还条件产生的补偿赔偿费，为满足交机条件所产生的维修检修费，改装涉及的费用，登记与注销产生的费用，违约金等。在向海关申报飞机租赁租金完税价格时，承租人未将上述交付及退还费用计入租金的完税价格。

（二）费用类型

飞机交付及退还费用
- 退还时财产交接所产生的由承租人承担的费用
- 登记及注销产生的费用
- 交付和退还时由承租人承担的检查费
- 交付和退还时由承租人承担的其他费用
- 违约赔偿费用

（三）合同约定

飞机退还费用条款：飞机退还时产生的费用，承租人应赔偿出租人：在租赁期内，承租人没有充分按照飞机文件维护飞机，导致飞机大修和更换有限寿命零件而产生的费用；承租人不能保留每个零件的认证标签，导致零件需重新认证，以此产生的费用；承租人通过不充分的飞机修理方案审批数据进行损伤修复，以此产生的费用；按照租赁合同规定，但承租人没有进行任何改装，为弥补而产生的费用。

（四）审价依据

根据《关于修订飞机经营性租赁审定完税价格有关规定的公告》（海关总署公告2016年第8号） → 在飞机退租时，承租人因未符合飞机租赁贸易中约定的交还飞机条件而向出租人支付的补偿或赔偿费用，或为满足飞机交机条件而开展的维修检修所产生的维修检修费，无论发生在境内或境外，均按租金计入完税价格。

根据海关总署关于飞机租赁贸易的相关监管规定 → 装饰费或改装费，属于采购成本的一部分，应计入租金的完税价格。

（五）结论

- 交付与退还期间，承租人因未符合租赁贸易中约定的交还条件而向出租人支付的补偿或赔偿费用，或为满足交机条件而开展的维修检修所产生的维修检修费，无论发生在境内或境外，均应计入租金完税价格。
- 交付与退还时，由承租人承担的改装涉及的费用应计入租金完税价格。
- 登记与注销产生的费用，属于管理费，应计入租金完税价格。
- 交付及退还时产生的维修定检费应计入租金完税价格。
- 承租人支付的违约金，应计入租金完税价格。

四、飞机融资性租赁改装与装饰费案例

（一）基本概况

融资性租赁方式下，因最终飞机所有权可转移至承租人，承租人可在合同约定范围内对飞机进行装饰、改装和购买设备。

装饰费或改装费是指承租人在合同允许范围内对飞机进行加装、改装所产生的费用。

买方采购设备即 BFE，指买方在卖方许可范围内对飞机进行选配的设备。

卖方采购设备即 SPE，指卖方额外采购的飞机使用设备。

上述费用在财务记账上均计入资产的价值。

（二）合同约定

1. 允许的加装、改装条款

未经出租人事先书面同意，承租人不得对飞机进行任何加装、改装，但符合以下条件的除外：承租人已为该等加装与改装取得所需的所有政府部门批准或其他应办理的批准和许可；该等加装与改装不得影响飞机的适航性及当时的市场价值；该等加装与改装不得减损飞机的使用范围及性能；承租人应办理与该等加装和改装完成有关的一切登记、备案和其他手续；承租人应自行承担由于该等加装与改装所发生的任何税收或费用，以及加装与改装完成后的飞机仍应受合同所有条款的约束。为避免疑义，承租人为使飞机满足制造

商及民航管理部门发布的适航指令、服务通告或其他强制性要求，决定对飞机进行加装与改装，可不用事先取得出租人的书面同意，但仍应满足上述所规定条件并遵守合同其他相关规定。依照本条规定对飞机进行的加装、改装、维修、维护、保养、修理、定检和大修等所产生的对飞机的增值，在所有权转移日之前，均应视为出租人拥有所有权的财产，承租人仅在所有权转移日之后才拥有对该等增值的所有权。

2. 买方采购设备条款

（1）买方采购设备

采购合同附件包含BFE的供应商、选配日期及适用于飞机的其他要求。客户将通过以下BFE项目的供应商和零件号进行选择：厨房系统、座椅（乘客）、广播音频系统、座椅视频系统、其他应急设备、货物装卸系统。

（2）BFE卖据

BFE卖据是指承租人或机身制造商向出租人签发的有关买方提供设备（BFE）的卖据。

（三）审价依据

根据《审价办法》第三十一条

租赁方式进口的货物，按照下列方法审查确定完税价格：
（一）以租金方式对外支付的租赁货物，在租赁期间以海关审查确定的租金作为完税价格，利息应当予以计入；
（二）留购的租赁货物以海关审查确定的留购价格作为完税价格；
（三）纳税义务人申请一次性缴纳税款的，可以选择申请按照本办法第六条列明的方法确定完税价格，或者按照海关审查确定的租金总额作为完税价格。

| 根据海关总署关于飞机租赁贸易的相关监管规定 | 装饰费或改装费，属于采购成本的一部分，应计入租金的完税价格。 |

（四）结论

本案例中的装饰费、改装费、买方采购设备费用、卖方采购设备费用，均应计入租赁本金完税价格。

五、飞机融资性租赁预付款与留购款案例

（一）基本概况

根据承租人与出租人签署的《飞机融资性租赁协议》，承租人在交机日前一个营业日当日或之前，向出租人支付初始租金及其对应的增值税款项。

租赁期满后，承租人确认回购飞机，向出租人支付留购款。

在向海关申报飞机租赁租金完税价格时，承租人未将上述费用申报计入完税价格。

（二）费用类型

预付款与尾款为承租人应向出租人支付飞机价格与融资金额的差额部分，包括直接或间接支付的款项。

留购款为租赁期限届满时承租人为留购租赁飞机应向出租人支付的购买价款（终止款项和其他交易文件项下承租人应付未付的其他款项）。

（三）合同约定

根据租赁协议约定，承租人应当于交机日前向出租人支付初始租金及其对应的增值税款项作为预付款。

在满足租赁协议约定条件下，承租人可以向出租人申请提前回购飞机，承租人应在提前回购日或之前向出租人支付留购款（所有终止款项和其他交易文件项下承租人应付未付的其他款项）。

租金及其他支付条款	承租人应向出租人支付飞机价格与融资金额的差额部分按照币种转换汇率换算的等值人民币金额（以下称"初始租金"）及初始租金对应的增值税。初始租金及初始租金对应的增值税应按照下述方式支付：出租人应在交机日前第 × 个营业日向承租人提供按照该日上午约定时刻的中国人民银行公布的人民币兑美元汇率中间价（以下称"拟定汇率"）计算的飞机价格与融资金额的差额部分的等值人民币（以下称"拟定初始租金"）及其对应的增值税款项的付款通知，承租人应在收到该等通知后将拟定初始租金及其对应的增值税以人民币支付给出租人，并确保出租人在交机日前 × 个营业日当日或之前收到该等款项；出租人应在交机日飞机交付之前提供币种转换汇率的书面凭证。如初始租金及其对应的增值税款项之和大于拟定初始租金及其对应的增值税款项之和，则承租人应于支付首期租金的同时一并向出租人支付该等差额部分；如初始租金及其对应的增值税款项之和小于拟定初始租金及其对应的增值税款项之和，承租人有权自首期租金中相应扣减该等差额部分。

提前回购条款	租期内，如果没有违约事件发生且持续，在满足下列条件的前提下，承租人可以向出租人申请提前回购飞机：承租人拟提前回购之日发生在起租日起第 × 年届满之后；承租人应当提前 × 个月书面通知出租人（"提前回购通知"），且该等通知是不可撤销的；拟提前回购日应为一个租金支付日（该日称"提前回购日"）；承租人应在提前回购日或之前向出租人支付所有终止款项和其他交易文件项下承租人应付未付的其他款项；承租人应补偿出租人因该等提前回购所遭受的有书面证据支持的因承租人的该等提前还款所导致的出租人在融资项下发生的所有实际损失（如有）。 承租人不可撤销地支付了上述款项后，出租人应以"按现状"的方式向承租人转移飞机所有权并签署相关的卖据以证明该等所有权转移。

（四）审价依据

根据《审价办法》第七条	进口货物的成交价格，是指卖方向中华人民共和国境内销售该货物时买方为进口该货物向卖方实付、应付的，并且按照本章第三节的规定调整后的价款总额，包括直接支付的价款和间接支付的价款。
根据《审价办法》第三十一条	租赁方式进口的货物，按照下列方法审查确定完税价格： （一）以租金方式对外支付的租赁货物，在租赁期间以海关审查确定的租金作为完税价格，利息应当予以计入； （二）留购的租赁货物以海关审查确定的留购价格作为完税价格； （三）纳税义务人申请一次性缴纳税款的，可以选择申请按照本办法第六条列明的方法确定完税价格，或者按照海关审查确定的租金总额作为完税价格。

| 根据《关于修订飞机经营性租赁审定完税价格有关规定的公告》(海关总署公告2016年第8号) | 对于出租人为纳税义务人，而由承租人依照合同约定，在合同规定的租金之外另行为出租人承担的预提所得税、营业税、增值税，属于间接支付的租金，应计入完税价格。
对于应计入完税价格的上述税款，应随下一次支付的租金一同向主管海关申报办理纳税手续；对于为支付最末一期租金而代缴的境内税收，承租人应在代缴税款后30日内向主管海关申报办理纳税手续。 |

（五）结论

飞机融资性租赁的完税价格应按照《审价办法》第七条、第三十一条以及相关公告规定，以租金为基础审查确定，海关应重点审核租赁本金的完整性，一般包括预付款、留购款（留购保证金）及相关费用等。海关应审核承租人前期支付的租金与留购价格之和，应与融资协议中约定的购机价款及相关利息之和一致，对于不一致的，海关应对留购价格加强审核。

本案例中承租人支付的预付款和留购款，是租赁本金的一部分，均应计入租赁本金完税价格。代扣代缴的增值税属于间接支付的租金，也应计入租金的完税价格。

六、飞机融资性租赁租前息与利息案例

（一）基本概况

> 针对融资性租赁进口飞机，承租人以分期支付的方式向出租人支付租金。

> 根据融资性租赁合同约定，在起租日之前出租人垫付资金购买飞机产生的利息和每一租期产生的租金利息，由承租人支付。

> 在向海关申报飞机租金完税价格时，承租人未将上述租前息和租金利息计入完税价格。

（二）费用类型

租前息：指出租人与承租人约定在租赁开始日之前（交付之前）或飞机交付后到融资性租赁银行贷款下发前，对于出租人向供应商支付的预付货款，承租人为此支付的费用，即针对出租人支付的预付款融资向出租人支付的利息。

租金利息：利息包含在每期租金中，每一计租期所产生的租金利息应根据每个计租期实际发生的天数，在一年360天的基础上，根据该计租期首日的未偿还人民币融资金额的全部本金余额计算。

（三）合同约定

租前息条款

如果因制造商的原因导致飞机的交机日晚于飞机交付通知中载明的交机日，承租人应立即书面通知出租人，并且，如出租人在收到通知时已根据原飞机交付通知向机身制造商支付了飞机价格，则承租人应于第一个租金支付日向出租人支付该等融资金额自原飞机交付通知中明确的交机日至实际交机日、制造商向出租人全额退还融资金额之日和最晚交机日中较早一日所产生的利息，该等利息应按照适用利率以一年360日为基础按照前述实际发生的天数计算（"租前息"）。

租金条款

在租期内的每一个租金支付日，承租人应当按合同规定向出租人支付租金，每期租金（"租金"）由摊销本金和利息两部分组成。摊销本金的总额等于人民币融资金额，自交机日起分×期等额支付，人民币融资金额的本金余额在期满日摊销至零。出租人和承租人同意并确认，每一计租期所产生的租金利息部分（"利息"）应根据每个计租期实际发生的天数，在一年360天的基础上，根据该计租期首日的未偿还人民币融资金额的全部本金余额计算。在不违反前述规定的情况下，承租人的应付租金金额应按以下方式确定：承租人应在每一租金支付日支付租金的摊销本金；同时，支付人民币融资金额的未偿本金余额在对应计租期应计的利息。受限于合同的条款，人民币融资金额的利率是按照适用利率计算的年利率。该合同项下所有应付利息和其他款项均应以一年360日为基础按照实际天数计算。承租人在每一租金支付日应付的租金应为按照以上方法计算的本金部分与利息部分之和。

（四）审价依据

根据《审价办法》第七条 — 进口货物的成交价格，是指卖方向中华人民共和国境内销售该货物时买方为进口该货物向卖方实付、应付的，并且按照本章第三节的规定调整后的价款总额，包括直接支付的价款和间接支付的价款。

根据《审价办法》第三十一条 — 租赁方式进口的货物，按照下列方法审查确定完税价格：
（一）以租金方式对外支付的租赁货物，在租赁期间以海关审查确定的租金作为完税价格，利息应当予以计入；
……

（五）结论

飞机融资性租赁的完税价格应按照《审价办法》第七条、第三十一条相关规定，以租金为基础审查确定。

重点审核以下款项和费用

利息，利率水平受购机价格、融资比例、租赁期限等因素影响，海关应审查利率水平是否符合行业惯例。

租前息，是指由承租人支付，在起租日之前出租人垫付资金购买飞机而产生的利息，属于租金的组成部分。

本案例中承租人支付的租前息与利息应计入租金完税价格。

七、飞机融资性租赁手续费与安排费案例

（一）基本概况

根据融资性租赁合同，出租人为飞机进行融资或再融资活动，承租人配合出租人完成手续并承担相关手续费和安排费。

在向海关申报飞机租金完税价格时，承租人未将上述手续费和安排费计入完税价格。

（二）费用类型

手续费、安排费：出租人与承租人约定在租赁开始日之前（交付之前）或飞机交付后到融资性租赁银行贷款下发前，承租人为满足承租条件支付给出租人的一种费用。

（三）合同约定

租赁安排费条款

定义

"租赁安排费"是指按照合同约定，承租人应向出租人支付的安排本次融资性租赁融资的费用。

费用支付

承租人承诺在付款日前的 × 个工作日或之前向出租人一次性支付飞机融资金额的 ×% 作为租赁安排费（已包含与该等安排费相关的增值税税款），出租人同意在收到租赁安排费后 × 天内向承租人开具并寄送该等安排费相关的增值税专用发票。

（四）审价依据

| 根据《审价办法》第七条 | 进口货物的成交价格，是指卖方向中华人民共和国境内销售该货物时买方为进口该货物向卖方实付、应付的，并且按照本章第三节的规定调整后的价款总额，包括直接支付的价款和间接支付的价款。 |

| 根据《审价办法》第三十一条 | 租赁方式进口的货物，按照下列方法审查确定完税价格：
（一）以租金方式对外支付的租赁货物，在租赁期间以海关审查确定的租金作为完税价格，利息应当予以计入；
（二）留购的租赁货物以海关审查确定的留购价格作为完税价格；
（三）纳税义务人申请一次性缴纳税款的，可以选择申请按照本办法第六条列明的方法确定完税价格，或者按照海关审查确定的租金总额作为完税价格。 |

| 根据海关总署关于飞机租赁贸易的相关监管规定 | 因融资性租赁产生的由承租人支付给出租人的手续费或安排费，属于租赁成本的一部分，应计入完税价格。 |

（五）结论

飞机融资性租赁的完税价格应按照《审价办法》第七条、第三十一条及相关规定，以租金为基础审查确定。

重点审核以下款项和费用：手续费、安排费、管理费等其他费用。

出租人向承租人收取的手续费、安排费、管理费等，属于租赁成本的一部分，应计入完税价格。

因此，本案例中由承租人支付的融资性租赁手续费和安排费，应计入租金完税价格。

八、飞机融资性租赁维修检修费与保险费案例

（一）基本概况

根据融资性租赁合同约定，在租赁期内，除非另有书面约定，承租人须承担飞机的全部维修检修费用，并支付与机身、零备件相关的保险费用和为保持正常营运相关的保险费用。

在向海关申报飞机租金完税价格时，承租人未将上述维修检修费和保险费计入完税价格。

（二）费用类型

本案例中，维修检修费是指租赁期间发生的由承租人承担的境外维修检修费用，保险费是指在飞机租赁期中由承租人支付的与机身、零备件相关的保险费用和为保持正常营运相关的保险费用。上述维修检修费、保险费在公司财务记账上计入当期损益。

（三）合同约定

维修检修金条款

承租人应当在租期内：

持有现行有效的可以运营飞机的航空管理部门颁发的公共航空运输企业经营许可证以及航空承运人运行合格证，并持有航空管理部门颁发的飞机适航证；

使飞机处于适航状态并处于可使用的状况和外观（正常飞行运营导致的合理磨损除外），并且使飞机的全部零部件应是可使用的且处于与承租人机队其他相似型号飞机类似的良好运营状况；

依据维护计划由航空管理部门批准的维护服务商对飞机进行维护并且（按照维护计划中所要求的时间间隔）对飞机执行大检和大修；

遵守航空管理部门发布的全部适航指令以及强制命令（适用于全部租期），强制的制造商服务通告及适用于飞机的其他类似要求；

遵守对承租人或飞机有管辖权的航空管理部门的适用法律法规对于飞机的维护、状态、使用和运营有关的要求；

若任何零部件不时报废、过期、丢失、失窃、损毁、灭失、没收或毁坏得无法修复并使用，及时用符合合同要求的零部件替换前述零部件。

维修检修金条款 ▸ 在不重复计算承租人根据合同任何其他条款或任何其他其作为一方的交易文件向受偿方支付的任何款项的前提下，承租人同意一经任一受偿方要求，立即向其支付并使其免于承担由于以下情况所产生的实际损失，但受偿方应提供相应的损失或费用凭证：飞机的制造、购买、所有权、占有、出口、进口、登记、性能、运输、储存、管理、销售、处置、控制、设计、状态、检查、试飞、交付、租赁、转租、维护、维修、改装、保险、服务、加装、大修、更换、拆除、重新交付、使用或运营产生的或相关的。受偿方应当在实际知晓其任何损失时立即通知承租人。

保险费条款 ▸ 在租期内，承租人应自行承担费用，按照合同规定为飞机办理包括飞机机身及零备件一切险、飞机第三方责任险、飞机机身免赔额保险、航空承运人综合责任险以及飞机机身及零备件战争险在内的保险，并使之在租期内持续完全有效，该等保险应通过保险人安排。

保险费条款 ▸ 在租期内任何时候，承租人为飞机所购买的飞机机身及零备件一切险的保险价值应不低于飞机价格的×%；出租人对保险的要求规定见合同条款；如果关于飞机保险在普遍接受的中国航空保险市场惯例上发生了不利于出租人的重大变化，以至于按照合同所办理的保险不足以保护出租人和融资方（如适用）在合同项下的利益，则出租人有权对合同有关保险方面的要求做适当且合理的调整，以将该项变化的要求包含在内，有关费用由承租人承担。在不影响合同对保险要求的前提下，承租人对飞机的保险不得以任何方式差于承租人运营的相同或类似型号的其他飞机的保险。

| 保险费条款 | 承租人应当在合同要求的任何保险到期之前完成该等保险的续保，并一经要求，即向出租人提供续保完成的证明。
承租人应当自负费用按照保险权益转让协议所要求的通知格式和内容将相关保险项下的相关权益转让给出租人或其指定的具有保险利益的其他人，并保持该转让在租期内完全有效，并将出租人或其指定的具有保险利益的其他人列为相关保险的附加被保险人之一，将受偿方指定为飞机第三方责任险的附加被保险人。 |

（四）审价依据

| 根据《审价办法》第七条 | 进口货物的成交价格，是指卖方向中华人民共和国境内销售该货物时买方为进口该货物向卖方实付、应付的，并且按照本章第三节的规定调整后的价款总额，包括直接支付的价款和间接支付的价款。 |

| 根据《审价办法》第三十一条 | 租赁方式进口的货物，按照下列方法审查确定完税价格：
（一）以租金方式对外支付的租赁货物，在租赁期间以海关审查确定的租金作为完税价格，利息应当予以计入；
（二）留购的租赁货物以海关审查确定的留购价格作为完税价格；
（三）纳税义务人申请一次性缴纳税款的，可以选择申请按照本办法第六条列明的方法确定完税价格，或者按照海关审查确定的租金总额作为完税价格。 |

| 《关于修订飞机经营性租赁审定完税价格有关规定的公告》（海关总署公告2016年第8号） | 租赁期间发生的由承租人承担的境外维修检修费用，按照《审价办法》第二十八条审价征税。
在飞机退租时，承租人因未符合飞机租赁贸易中约定的交还飞机条件而向出租人支付的补偿或赔偿费用，或为满足飞机交机条件而开展的维修检修所产生的维修检修费，无论发生在境内或境外，均按租金计入完税价格。
飞机租赁结束后未退还承租人的维修保证金，按租金计入完税价格。
在飞机租赁贸易中约定由承租人支付的与机身、零备件相关的保险，无论发生在境内或境外，属于间接支付的租金，应计入完税价格；与飞机租赁期间保持正常营运相关的保险费用，不计入完税价格。
该公告实施前已完成的维修检修，若在飞机租赁合同中约定应由承租人承担的，无论发生在境内或境外，其费用均按租金计入完税价格。其中飞机大修在境内进行的，承租人所支付费用发票中单独列明的增值税等境内税收、境内生产的零部件和材料费用及已征税的进口零部件和材料费用不计入完税价格。承租人应在支付维修检修费用后30日内向其所在地海关申报办理纳税手续。 |

（五）结论

飞机融资性租赁的完税价格应按照《审价办法》第七条、第三十一条及相关公告规定，以租金为基础审查确定。

承租人按合同约定发生的维持飞机交机状态所进行的维修定检费，应计入完税价格。

本案例中，由承租人承担的境外维修检修费用，应按租金计入完税价格。

由承租人支付的与机身、零备件相关的保险费用，无论发生在境内或境外，属于间接支付的租金，应计入完税价格。

与飞机租赁期间保持正常营运相关的保险费用，不计入完税价格。

第二节
船舶租赁报验状态的审价解析

一、船舶经营性租赁交付及退还费用案例

（一）基本概况

根据船舶经营性租赁合同，在船舶交付及退还时，承租人需承担以下费用：船舶改装费用、维修定检费、船舶登记与注销费用、船舶行驶至作业区的移泊费、为满足船舶交付条件而产生的赔偿费用和维修检修费。

在向海关申报船舶租金完税价格时，承租人未将上述交付及退还费用计入完税价格。

（二）费用类型

本案例中，交付及退还费用是指租赁期间发生的由承租人承担的费用，包括：船舶财产交接所产生的由承租人承担的费用；船舶登记及注销产生的费用；交付和退还时由承租人承担的船舶改装费；交还船舶时由承租人承担的检验费用；船舶交付后到移至作业区之间产生的费用等。

在财务记账上，由承租人负担的租入固定资产改良支出应在租赁期内平均摊销，列入各期费用，租赁期在一年以内的记入"待摊费用"账户，租赁期超过一年的，记入"递延资产"或"长期待摊费用"。

（三）合同约定

交船及还船条款

合同项下的交船期为×年×月×日至×年×月×日，交船地为×。出租人应在合同规定的交船期内在交船地点将船舶、船舶证书和船舶资料同时交付给承租人。交船时双方应签署交船证明书，具体的交船时间以交船证明书的记载为准。

交船时，承租人应确保交船地为适于船舶进入并锚泊的安全地点。出租人应确保交付的船舶为经检验合格的船舶，且船舶状况应与交船检验合格时一致，否则承租人有权解除合同。

还船时，除正常磨损和损耗外，承租人应以交船时同样良好的结构、状态、船况、船级交还给出租人，但自然损耗除外。否则，出租人有权书面拒绝接受还船。在接到出租人拒绝接受还船的通知后，承租人应当立即采取措施在合理时间内恢复船舶状况，并且应当承担有关恢复原状的费用及时间。出租人亦可接受承租人的还船，但此行为不影响其要求承租人赔偿损失的权利。船舶（包括甲板及各舱室）处于清洁状态。承租人有权在不清扫船舶的情况下还船，但在该等情形下承租人应向出租人支付清洁费。此外，除非出租人同意，承租人应将在租期内对船舶做出的各项改变予以移除或者恢复，以及对船舶登记状况予以恢复，并承担费用和时间。还船时，船舶检验周期应为最近一期，船级证书的有效期应至少在×日以上。

第六章 海关审价案例解析

交还船时的财产交接条款

交船及还船时，除船员个人财物外，其余船上财产均应进行交接。双方应对进行交接的所有船上财产，包括设备、物料、备品、燃油和淡水编制一套完整的财产清单，并将所有财产分成消耗品、非消耗品及备品类，并在清单中逐一做出标注。财产清单制作完成后，由双方签字确认。

对于财产中的消耗品，双方应分别在交船和还船时予以接收。对于财产中的消耗品及非消耗品，在出租人交船时承租人予以接收并在还船时以良好状况交还出租人，但允许有正常的磨损和损耗。对于财产中的备品，在出租人交船时承租人予以接收，若承租人在租期内使用了备品，承租人应及时购买相同品质和数量的备品予以补足，以保证还船时船上具有与交船时同等数量和品质的备品，若有不足部分，按照购买价格支付价款或补齐，若有超出部分，承租人自行处理。

交还船时，双方应在交接前提取船上剩余的燃油的样本，并分成4份，双方各持2份。如果因燃油质量导致纠纷，双方将聘请独立第三方检验机构对燃油样本进行检验。对于因燃油质量不合格给接受燃油方造成的损失，由燃油提供方承担赔偿责任。

任何一方为方便交还船后的船舶作业而对交还船前船上剩余燃油及淡水的数量有具体要求的应在交/还船前至少×日书面通知另一方。

登记及注销条款	出租人应向承租人提供船舶所有有效的船舶技术证书和原船籍港船舶登记机关出具的中止或者注销船舶国籍的证明书，注销原船舶国籍费用由出租人承担；由承租人申请办理光船租赁登记和临时船舶国籍证书，办理船舶光船租赁登记及临时船舶国籍证书所需费用由承租人承担。租期届满或光船租赁关系提前终止时，承租人应于租期届满或光船租赁关系提前终止当日，持临时船舶国籍证书、船舶所有权登记证书、合同或终止光船租赁关系的证明文件，到船舶船籍港的船舶登记机关办理光船租赁注销登记，办理光船租赁注销登记的费用由承租人承担。
交还船检验条款	除合同另有约定外，交船前承租人应自行承担费用指定验船师登船进行交船检验；还船前出租人应自行承担费用指定验船师登船进行还船检验。检验的项目包括但不限于船舶状况、船舶上设备状况及船舶证书和其他资料等是否完备。因交/还船检验影响的船期，出租人承担交船检验的时间损失，承租人承担还船检验的时间损失。双方在交还船期间各自负责的工作界面以及人员、船舶消耗等相关费用根据双方界面各自承担。自交接船之时起，船舶的管理、保险、海事、安全等责任则随之向对方转移。

```
                    ┌─────────────────────────────────────────────────┐
                    │ 船舶应符合相关法律法规、船级社以及合同的规定，且交 │
                    │ 船检验时船舶应满足以下全部条件：                 │
                    │ 船舶在船体、构造、设备等所有方面均应处于良好工作状 │
                    │ 态，符合适航要求并且能够以良好的性能进行作业并满足 │
                    │ 船舶规范的相关规定；船舶具备原船籍国及船级社所需的 │
           ┌──────┤ 全部证书（需承租人办理的证书除外）和船舶资料，且全 │
           │      │ 部证书均在有效期内并已完成所有到期检验，不存在任何 │
           │      │ 展期或宽限期的情形。如船舶违反该款规定，即构成交船 │
┌────────┐ │      │ 检验不合格。交船检验不合格的，出租人应尽快采取措施 │
│ 交还船 │ │      │ 进行修理或补救。出租人修理或补救完毕后，双方需按照 │
│ 检验   ├─┤      │ 上述规定重新检验。如经重新检验，船舶仍不合格，承租 │
│ 条款   │ │      │ 人有权选择解除合同。                             │
└────────┘ │      └─────────────────────────────────────────────────┘
           │      
           │      ┌─────────────────────────────────────────────────┐
           │      │ 即使船舶经交船检验合格，但如在交船后的×个月内承 │
           │      │ 租人发现船舶存在影响作业和船舶安全的重大潜在缺陷， │
           └──────┤ 出租人应尽快采取措施进行修理或补救，由此产生的相关 │
                  │ 费用由出租人自行承担。如船舶经修理或补救仍不符合合 │
                  │ 同规定，影响船舶正常作业，承租人有权解除合同。   │
                  │ 如确因船舶交船时存在的潜在缺陷导致海损事故，出租人 │
                  │ 承担因此造成的直接损失和责任。在交船时，出租人保证 │
                  │ 其与船厂就造船合同和船舶不存在价款、所有权等相关的 │
                  │ 争议和纠纷。                                     │
                  └─────────────────────────────────────────────────┘
```

| 航行及作业区域条款 | 合同项下船舶航行及作业的区域范围为适用于该船作业且保险覆盖的区域，承租人应在上述范围内将船舶用于合法的海上航行及作业，且在航行及作业过程中应遵守一切相关法律法规，包括但不限于取得主管部门对相关海上作业的许可并承担申请许可的费用。
船舶交付一般在公海或境外某港口，船舶实际作业区在境内，在船舶交付后，由承运人负责将船舶从交付地运输至合同约定的作业区，涉及的所有费用均由承租人承担（移泊费）。|

（四）审价依据

| 根据《审价办法》第七条 | 进口货物的成交价格，是指卖方向中华人民共和国境内销售该货物时买方为进口该货物向卖方实付、应付的，并且按照本章第三节的规定调整后的价款总额，包括直接支付的价款和间接支付的价款。|

| 根据《审价办法》第三十一条 | 租赁方式进口的货物，按照下列方法审查确定完税价格：
（一）以租金方式对外支付的租赁货物，在租赁期间以海关审查确定的租金作为完税价格，利息应当予以计入；
（二）留购的租赁货物以海关审查确定的留购价格作为完税价格；
（三）纳税义务人申请一次性缴纳税款的，可以选择申请按照本办法第六条列明的方法确定完税价格，或者按照海关审查确定的租金总额作为完税价格。|

| 根据《审价办法》第三十五条 | ……运输工具作为进口货物，利用自身动力进境的，海关在审查确定完税价格时，不再另行计入运输及其相关费用。|

（五）结论

> 船舶交付与退还时，由承租人承担的船舶改装涉及的费用应计入租金完税价格。

> 船舶交付及退还时，产生的维修定检费应计入租金完税价格。

> 船舶登记与注销产生的费用，属于管理费，应计入租金完税价格。

> 买方委托境内托管公司代为验收并行驶至作业区的移泊费，按照《审价办法》第三十五条的规定不再另行计入。

> 为满足船舶交付条件而产生的赔偿费用和维修检修费，应计入租金完税价格。

二、LNG 船舶集装箱租赁费案例

（一）贸易流程

> A 天然气公司进口液化天然气，该批货物合同签订为 FCA 成交。

> 运输公司负责液化天然气境外运输业务。

```
                                  ┌─────────────────────────────────┐
                                  │ A 天然气公司租赁液化气空罐集装箱。   │
┌──────────────────┐              └─────────────────────────────────┘
│ 再将装满液化天然气的重 ├──┤
│ 罐集装箱从境外运输进境。│     ┌─────────────────────────────────┐
└──────────────────┘              │ 运输公司通过天然气运输专线将液化天  │
                                  │ 然气空罐集装箱运输到境外。        │
                                  └─────────────────────────────────┘
                                              │
                                              ▼
```

┌──┐
│ A 天然气公司支付空罐集装箱租赁费及该租赁费代扣代缴税费和运费。   │
└──┘

┌──┐
│ 租赁费代扣代缴税费和运费较为复杂，采用预付款滚动支付且支付对象不   │
│ 同，A 天然气公司对运输公司支付的境外运费包含出口空罐集装箱运费和   │
│ 进口重罐集装箱运费。   │
└──┘

（二）审价依据

根据《审价办法》第五条	进口货物的完税价格，由海关以该货物的成交价格为基础审查确定，并且应当包括货物运抵中华人民共和国境内输入地点起卸前的运输及其相关费用、保险费。 其中，进口货物的运输费是指该货物运输到中国境内输入地点起卸前的全部成本和相关费用；运输的"相关费用"是指在被估货物输入到中国输入地点起卸前的过程中，由买方支付的与运输过程有关的费用。

根据《审价办法》第五条 ── A 天然气公司为进口液化天然气在境内租赁的液化气空罐集装箱的租赁费及代扣代缴税费和为进口液化天然气出口运输空罐集装箱运费是进口运输液化天然气的必要条件，与进口运输有关，因此 A 天然气公司为进口液化天然气在境内租赁的液化气空罐集装箱的租赁费及代扣代缴税费和空罐集装箱出口运输的运费构成了货物的运输成本，均应计入完税价格。

A 天然气公司认为液化天然气罐式集装箱就是运输和装载工具，此类集装箱出口和普通集装箱出口一样，出口运费不需计入完税价格，所以在前期液化天然气进口申报中未将出口空罐集装箱运费计入完税价格，造成申报运费与实际支付运费不同。

（三）价格认定

《审价办法》第五条和第三十八条规定 ──
- 运输合同中既包含了从运输公司将空罐集装箱运输至境外的出口运费，也包含了将重罐集装箱运输至境内的进口运费。
- 该出口运输是进口运输的必要条件，与进口运输有关，构成进口货物运输成本。
- 为进口液化天然气租赁空罐集装箱租赁费及代扣代缴税费部分，构成进口运输成本，均应计入完税价格。

（四）综评

> 掌握特殊商品运输特点，准确把握构成完税价格的运费及其相关费用。

> 由于液化天然气易燃的特殊性，天然气公司通过委托境外运输公司，采取先将租赁的油气空罐集装箱运输至境外再将重罐集装箱运输至境内的方式运输液化天然气。

> 在向空罐集装箱公司和运输公司支付租赁费及代扣代缴税费和运费时都与进口货物和进口运输有关，根据《审价办法》第五条规定，租赁费及代扣代缴税费和两部分运费均应计入完税价格。

三、海工供应船模具费案例

（一）基本概况

> 境内 A 公司委托境外 B 公司定制一艘海工供应船

> 双方以融资性租赁的形式

> 生产供暖所需的模具设计资料都是由买方购买并提供给卖方的

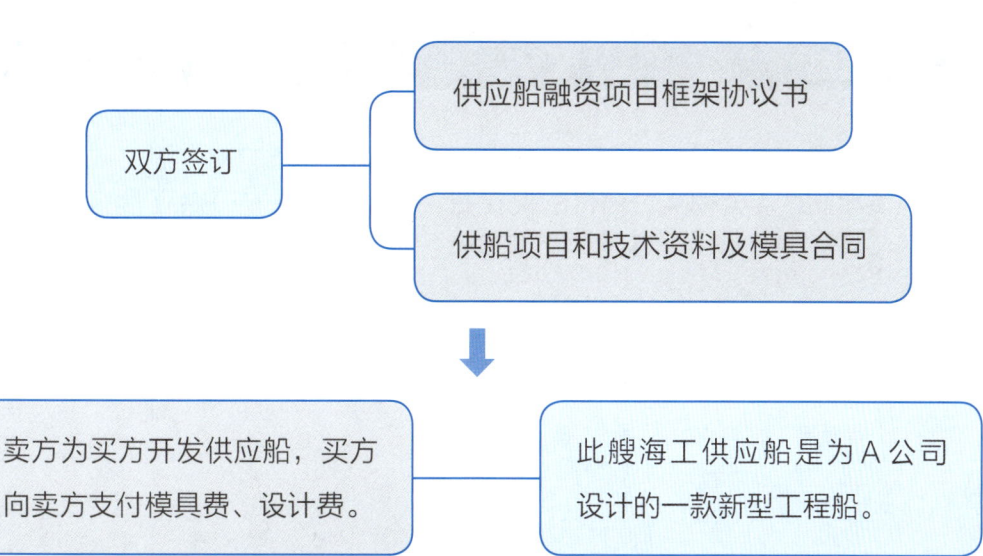

```
双方签订 ──┬── 供应船融资项目框架协议书
           └── 供船项目和技术资料及模具合同
```

卖方为买方开发供应船，买方向卖方支付模具费、设计费。

此艘海工供应船是为A公司设计的一款新型工程船。

此次以融资性租赁进口的供应船是境外B公司为境内A公司开发设计并生产制造的。

租赁期间，A公司向海关申报其租金及相关的其他费用，但未向海关申报其实付应付的模具费。

（二）审价依据

根据《审价办法》第三十一条

租赁方式进口的货物，按照下列方法审查确定完税价格：
（一）以租金方式对外支付的租赁货物，在租赁期间以海关审查确定的租金作为完税价格，利息应当予以计入；
（二）留购的租赁货物以海关审查确定的留购价格作为完税价格；
（三）纳税义务人申请一次性缴纳税款的，可以选择申请按照本办法第六条列明的方法确定完税价格，或者按照海关审查确定的租金总额作为完税价格。

（三）价格认定

> 租赁期间，A 公司实付应付的模具费，应计入租赁进口供应船的完税价格。

第三节
钻井平台租赁报验状态的审价解析

一、特殊关系影响租赁进口钻井平台租金案例

> 关联企业间大型设备租赁，其租金定价机制存在不客观并缺乏透明度的现象。在石油勘探开发涉及的海工设备租赁行业，特别是在国际原油价格出现大幅波动的情况下，海工设备租金出现异常尤为突出。

（一）交易流程

> 境内 A 公司以光租形式向某综合保税区内关联企业 B 公司租赁进口一台价值 X 亿美元的钻井平台，在中国海域进行勘探钻井作业。

> 双方签订《钻井平台光租赁合同》，租金为 Y 万美元/天，租期 2 年。

> 租赁期间，国际原油价格大幅下跌，导致石油勘探开发作业难以维系，该钻井平台停止作业。

> 针对此情况，A 公司与 B 公司约定该机钻井平台继续留在中国海域，等待作业机会。

> 重新修改合同租金条款，停止作业期间将钻井平台租金 Y 万美元/天修改为 Z 美元/天。

> 该租金只包括钻井平台日常油耗、维护材料费、其他海工费。

（二）报验状态

| 该钻井平台停止作业期间 | → | A 公司以修订后《钻井平台光租赁合同》约定的租金 Z 美元 / 天为基础向海关申报，该租金远远低于作业期间的租金。 |

（三）审价思路

根据《审价办法》第三十一条规定：

以租金方式对外支付的租赁货物，在租赁期间以海关审查确定的租金作为完税价格，利息应当予以计入货物租金的完税价格。

由于该钻井平台停止作业期间与作业期间的租金相差悬殊，该租金定价机制与租赁贸易惯例不符。

同时，根据《企业会计准则第 21 号——租赁》和《企业会计准则第 4 号——固定资产》中无论对租金组成还是对固定资产折旧方法的具体规定。

特别是根据《中华人民共和国企业所得税法实施条例》（国务院令第 512 号）第六十条：

……固定资产计算折旧的最低年限如下：
……
（二）飞机、火车、轮船、机器、机械和其他生产设备为 10 年；
……

> 如按照直线折旧法对该钻井平台折旧进行估算，以预计净残值率 5% 计算，该设备 X 亿美元，则：
>
> 年折旧率 =（1-5%）/10=9.5%
>
> 月折旧率 =9.5%/12=0.792%
>
> 日折旧率 =0.792%/30=0.0264%
>
> 日折旧额 =X × 0.0264 美元 / 天
>
> 日折旧额远高于租金 Z 美元 / 天，与公认的准则相悖。

（四）审价方法

```
出租人在该租赁贸易中存在集团内部"调剂"性亏损
            ↓
   租赁双方属同一集团旗下关联公司
            ↓
      租金价格明显低于合理范围
            ↓
       出于集团整体利益的考量
            ↓
并非租赁双方作为独立商业个体进行市场公平交易
         ↙              ↘
租赁双方特殊关系和修改合同    特殊关系影响了租金成交价
租金行为是不可分割的因        格，对于钻井平台租金 Z 美
果逻辑关系。                 元 / 天，海关不予接受。
```

（五）价格认定

依据《审价办法》第十六条和第三十一条规定

- 租赁双方符合特殊关系的描述，通过对其租赁进口货物租金定价的审核，存在租金制定缺乏客观公允性。
- 该租金与设备折旧额相差很大，与国际公认的会计准则相悖。
- 经海关与企业磋商，依次排除相同货物成交价格估价法、类似货物成交价格估价法、倒扣价格估价法、计算价格估价法。
- 最终海关以该钻井平台 B 公司提供财务报表实际折旧额为基础综合考虑其日常运营维护、市场行情等情况，以合理估价方法对该进口租赁货物租金进行了估价。

（六）综评

确定跨境大型设备租赁贸易租金的客观、公正、合理性。

需要综合《企业会计准则》《中华人民共和国企业所得税法实施条例》《审价办法》等多角度、多维度科学论证。

跨境大型设备租赁贸易的租金定价机制比较复杂，特别是跨国集团的内部关联租赁交易价格的制定往往伴随着集团整体利益，并非客观公正的市场定价机制。

二、以租赁贸易方式准确申报租金案例

（一）交易流程

境外 B 公司在境内从事勘探项目承揽，由其境内全资子公司 C 公司向海关申报多批进口货物用于境内某项目。

项目为中外合作项目，涉及以暂时进出口（监管方式代码 2600）监管方式从境外 B 公司申报进口油气勘探设备，B 公司在项目中为油井勘探勘测提供技术支持。

B 公司委托 C 公司依据《中华人民共和国海关暂时进出境货物管理办法》（海关总署令第 233 号）第三条第一款第十一项向海关申报。

（二）审价思路

```
中外合作
项目的认定
```

中外合作项目的认定

根据B委托境内子公司C公司与境内A公司签订的某气田实验区开发项目"定向并旋转导向及随钻测井服务"合同，B公司向A公司提供服务、设备和材料以及相关工作人员，A公司向B公司支付相应对价。双方不存在经营风险共担、收益共享等合作因素。

境内A公司发布某气田实验区开发项目"定向、旋转导向及随钻测井服务"招标项目公告。境内A公司采用"邀请招标"的方式，分多个井眼两个标段向不同的能源服务有限公司、油田技术服务有限公司和油气勘探技服务有限公司发出投标邀请书。两个标段先后于同年不同日期开标，B公司全资子公司C公司中标该项目两标段。

中外合作项目的认定

根据《中华人民共和国对外合作开采海洋石油资源条例》第八条，除法律、行政法规另有规定或石油合同另有约定外，应当由石油合同中的外国企业一方投资进行勘探，负责勘探作业，并承担全部勘探风险。外国合作者可以按照石油合同规定，从生产的石油中回收其投资和费用，并取得报酬。A公司与B公司境内子公司C公司签订的合同不属于该法律规定对外合作开发海洋石油需订立的合作开采石油合同。

（三）价格认定

C 公司依据招投标文件和双方中标合同文件相关服务及对价条款，以租赁方式进口油气勘探设备，B 公司提供该项目的相关设备和人员服务，作为对价，境内 A 公司支付相关费用，相关设备所有权属于 B 公司，用于全球相关油气田勘探测井，全部为使用过的仪器设备，与境内全资子公司 C 公司无实际成交价格，进口仪器设备符合"租赁贸易"监管方式的描述。

依据《审价办法》第六条的规定，使用合理方法对该项目进口的相关仪器设备进行审价，参照可比公司租金计价方式，以母公司同期计提折旧加合理利润确定租金的完税价格。

（四）综评

C 公司申报进口时，无论申报何种监管方式，"特殊关系确认"栏均申报"否"，存在申报不实情况，其以"一般贸易"申报进口的货物存在较高的"特殊关系影响成交价格"风险。

参考其暂时进出口价格申报模式，结合 C 公司在境内核定征收企业所得税的情况，境外母公司 B 公司或关联方与 C 公司间的交易不符合独立交易原则，未加合理利润的可能性极高。

使用合理方法，以 X% 作为平等主体间转让目标毛利率，重新审查确定租金完税价格。

三、租赁进口钻井设备技术服务费案例

（一）基本概况

> 承租人以租赁贸易方式进口钻井设备，为更好地满足海洋石油勘探开发需要，承租人与出租人签订了技术服务合同。根据技术服务合同规定，出租人需提供随钻测量、旋转导向、地质导向等技术服务，合同履行期间所需的技术设备、材料等由出租人提供并自行承担费用，承租人根据合同履约情况向出租人支付相应的技术服务费。

（二）合同约定

> 为提供服务的目的，出租人应自行承担费用提供双方约定的所有设备以及完成服务所需的材料、补给、工具和耗材，以及保证上述设备处于良好工作状态和进行维修所需的全部备件。
>
> 在向承租人提供服务时，出租人可以利用其专业知识、技术诀窍和其他知识产权，出租人对于这些专业知识、技术诀窍和知识产权享有独家所有权。
>
> 作为报酬，承租人按照合同附件规定的费率和价格向出租人支付技术服务费。

技术服务范围

- **随钻测量服务**
  出租人使用其随钻测量设备为承租人提供服务，随钻测量设备包括：随钻测斜仪、随钻测井仪和随钻测压仪等。

- **旋转导向服务**
  出租人使用其旋转导向系统和有关随钻测量设备为承租人提供服务。

- **地质导向服务**
  出租人应用自己在钻井和随钻测量过程中得到的各种井眼和地质数据，建立实时的地质导向模型，通过对地质和油藏方面的数据分析，为把井眼放置在油气层中的最佳位置而实时向承租人提供建议的服务。

（三）审价依据

根据《审价办法》第七条

进口货物的成交价格，是指卖方向中华人民共和国境内销售该货物时买方为进口该货物向卖方实付、应付的，并且按照本章第三节的规定调整后的价款总额，包括直接支付的价款和间接支付的价款。

根据《审价办法》第三十一条

租赁方式进口的货物，按照下列方法审查确定完税价格：
（一）以租金方式对外支付的租赁货物，在租赁期间以海关审查确定的租金作为完税价格，利息应当予以计入；
（二）留购的租赁货物以海关审查确定的留购价格作为完税价格；
（三）纳税义务人申请一次性缴纳税款的，可以选择申请按照本办法第六条列明的方法确定完税价格，或者按照海关审查确定的租金总额作为完税价格。

（四）综评

> 租赁进口钻井设备的完税价格应按照《审价办法》第七条、第三十一条及相关规定，以租金为基础审查确定。

> 租赁期间内，承租人根据合同履约情况向出租人支付的技术服务费，应计入租金完税价格。

四、关联方租赁进口钻井平台案例

（一）基本概况

> 钻井平台所有人境外 A 公司与租赁平台代理 B 公司签订《钻井平台租赁代理合同》，合同中列明最终用户为境内 C 石油公司。

> 同期，B 公司作为出租人与承租人 C 石油公司签订钻井平台租赁协议，约定 C 石油公司按月向 B 公司支付租金。

> A 公司与 C 石油公司实际为关联公司，C 石油公司按月向 B 公司支付的租金（月租金为适用的每日费率乘以租赁天数），最终流向 A 公司。

> C 石油公司实际支付的月租金与克拉克森租金指数公布的数据严重不符，存在明显低于克拉克森租金指数的情形。

（二）审价分析

> 如果没有境外 A 公司提交完整的租赁贸易基础文件，B 公司作为代理公司根本没有资格参与实际租赁业务，也就是说，B 公司只是作为钻井平台所有人 A 公司的代理参与租赁业务，办理租赁手续后，A 公司将钻井平台交付给 C 石油公司，实际履行交货义务的也是 A 公司。

> A 公司授权 B 公司的范围是按照代理合同的规定，B 公司履行将租赁钻井平台报关进口、运输及收取货款等代理义务，承担的是租赁贸易代理的角色。

> B 公司在租赁过程中提交的证明其能履行合同的资格证明文件，包括财务技术、生产能力和售后服务机构等文件，都是由 A 公司提供的。

> B 公司在整个贸易当中的角色是境外 A 公司在中国境内的代理，A 公司才是进口租赁货物的实际出租人。
> 鉴于 A 公司与 C 石油公司之间存在特殊关系，且 C 石油公司实际支付月租金明显低于克拉克森租金指数，因此，两者之间的特殊关系对钻井平台租金造成实质性影响。

（三）结论

以 A 公司为租赁贸易的实际出租人、C 石油公司为承租人，参考克拉克森租金指数，重新审查确定租金的完税价格。

（四）综评

租赁贸易要清晰界定各参与方的实际定位，准确区分租赁双方和交易中的代理方等要素，这对确定进口租赁货物租金的完税价格至关重要。

第四节
水下焊接系统租赁报验状态的审价解析

一、租赁进口水下机器人租金案例

（一）基本概况

资料显示出租人在租借合同中规定的利率为 X%。

资料显示月租金还包括出租人的佣金，即在整个合同租期内应付金额的 X%。

有一张发票的复本显示出租人支付给制造商的机器价款。

机器的所有装运成本，包括装配、拆解、将机器返还给出租人指定的地点所产生的所有费用应由承租人承担。

装配和将机器投入运行的工程人员由制造商提供，由此产生的费用应由承租人承担。

承租人应在整个租期内（机器离开工厂到返还出租人）为机器投保。

- 所有与租借和进口有关的费用、关税及应付境内税由承租人承担。

- 租借期限为 36 个月，可续借 X 月。租金为 Y 元人民币/月，续租期月租金减少 X%。

- 清关后承租人只向海关申报了租期内租金，维修费、保险费、佣金、利息未向海关申报。

（二）审价分析

完税价格是以机器的整个产品经济寿命中应付的租金为基础确定的。

通过海关与承租人之间进行的磋商，产品经济寿命估计为 X 个月，在前 X 个月月租金为 X_1，而在剩余的 X 个月月租金为 X_2（扣除 X%），包括在上述款项中的利息是 X%，根据出口国关于利息的决定应予以扣除。

（三）价格认定

- 合同期内应付全部金额 X% 的佣金不应被视为买方佣金，该笔佣金实质上是出租人虚构的，不应从完税价格中扣除。

- 安装机器的工程人员的成本、与租借和进口有关的费用、关税及境内税不是完税价格的一部分。

- 参考飞机租赁贸易相关规定，承租人为机器支付的保险费，属于间接支付的租金，应计入完税价格。

- 排除相同货物成交价格估价方法、类似货物成交价格估价方法、倒扣价格估价方法、计算价格估价方法，使用合理方法审查确定租金。

二、租赁进口水下焊接机器人软件费案例

（一）基本概况

- E 石油公司为开展钻井平台水下焊接作业，从境外出租人 F 公司租赁水下焊接机器人。

- 机器人的关键部件包括机械臂、焊接头、视觉传感器、控制器等，采用了最先进的无线通信技术和多级传感器控制技术。

- 机器人配备多种防水和耐蚀材料，可以在复杂的水下环境中稳定运行，顺利完成各种作业任务。

- 机器人使用 3D 成像软件和其他控制软件，支持远程控制和实时数据交换，能够与相关监测设备进行无缝协作。

（二）审价分析

> 按照双方签订的租赁合同约定，E 石油公司每月向出租人 F 公司支付租金。

> 此外，E 石油公司需要一次性向出租人 F 公司支付人民币 × 元的软件费，作为使用 3D 成像软件和控制软件的费用。

> E 石油公司按照租金支付情况向海关申报，软件费以服务贸易形式对外支付，未向海关申报。

（三）价格认定

> 按照《审价办法》第七条、第三十一条等规定，租赁进口水下焊接机器人的完税价格以租金为基础审查确定。

> 租赁期内，承租人根据合同履约情况向出租人支付的软件费，作为租金的组成部分，应计入租金完税价格。